A REFORMA DO
PAPADO

Tiago Cosmo da Silva Dias

A REFORMA DO
PAPADO

Paulinas

Dados Internacionais de Catalogação na Publicação (CIP)
Angélica Ilacqua CRB-8/7057

Dias, Tiago Cosmo da Silva
 A reforma do papado / Tiago Cosmo da Silva Dias. – São Paulo : Paulinas, 2024.
 224 p. (Coleção Recepção)

 ISBN 978-65-5808-292-7

 1. Igreja Católica – História 2. História eclesiástica I. Título II. Série

24-2118 CDD 282.09

Índice para catálogo sistemático:
1. Igreja Católica – História

1ª edição – 2024

Direção-geral: *Ágda França*
Editores responsáveis: *Maria Goretti de Oliveira*
João Décio Passos
Copidesque: *Mônica Elaine G. S. da Costa*
Coordenação de revisão: *Marina Mendonça*
Revisão: *Sandra Sinzato*
Gerente de produção: *Felício Calegaro Neto*
Produção de arte: *Elaine Alves*
Imagem da capa: *@inkdrop @freepik.com*

Nenhuma parte desta obra poderá ser reproduzida ou transmitida por qualquer forma e/ou quaisquer meios (eletrônico ou mecânico, incluindo fotocópia e gravação) ou arquivada em qualquer sistema ou banco de dados sem permissão escrita da Editora. Direitos reservados.

Cadastre-se e receba nossas informações
paulinas.com.br
Telemarketing e SAC: 0800-7010081

Paulinas
Rua Dona Inácia Uchoa, 62
04110-020 – São Paulo – SP (Brasil)
📞 (11) 2125-3500
✉ editora@paulinas.com.br

© Pia Sociedade Filhas de São Paulo – São Paulo, 2024

"Não se trata de reinventar a Igreja, mas de continuar a reforma a partir do governo central, descendo aos governos locais. Isso significa repensar o exercício do poder como serviço, sem arrogâncias pagãs do poder sagrado, sem as tiranias monárquicas e sem os pragmatismos dos governos modernos. [...] A Igreja peregrina na história não tem um modelo definitivo nem uma receita segura para si mesma. [...] Nesse sentido, reforma é algo inerente à Igreja, atitude de espírito (audição e docilidade ao Espírito) que se torna ação em cada tempo e lugar; fidelidade à própria dinâmica da tradição, entendida como o que é transmitido através do tempo, e que rejeita, por isso mesmo, toda forma de conservadorismo. [...]. A sintonia com a história exige discernimento e coragem por parte da Igreja, para que possa responder, no ritmo da história rápida e não da história lenta do mundo pré-moderno, àquilo que a fé tem a fazer pelo ser humano."

João Décio Passos

SUMÁRIO

Lista de siglas 9

Introdução 11

Capítulo 1
Aspectos da conjuntura socioeclesial
(séculos XVIII e XIX) 17

   1.1 A Revolução Francesa e o catolicismo 18

   1.2 A Igreja e o mundo liberal 26

   1.3 A eleição de Pio IX ao governo da Igreja 33

   1.4 A questão romana 43

   1.5 Os desdobramentos dos acontecimentos
      dos séculos XVIII e XIX 49

Capítulo 2
O Concílio Vaticano I e as definições do primado
de jurisdição e da infalibilidade papal 55

   2.1 Os antecedentes do Concílio 56

   2.2 O desenrolar das discussões sobre a infalibilidade 67

   2.3 Desdobramentos do Vaticano I 95

Capítulo 3

O Concílio Vaticano II e os papas: renovação e retrocesso.....103

   3.1 Os papas até o Vaticano II 104

   3.2 O Concílio Ecumênico Vaticano II (1962-1965)...........114

   3.3 O período pós-conciliar 133

Capítulo 4

A eleição de Francisco, bispo de Roma,
e a necessidade da reforma 155

   4.1 Jorge Mario Bergoglio: quem é e de onde veio.............156

   4.2 A eleição de Francisco, bispo de Roma.........................160

   4.3 Âmbitos para se pensar a reforma do papado 176

Considerações..199

Referências 205

LISTA DE SIGLAS

ACO	Ação Católica Operária
AS	*Apostolos suos*
CAL	Comissão para América Latina
CD	Decreto *Christus Dominus*
CIC	Código de Direito Canônico
CL	Exortação Apostólica *Christifideles Laici*
COD	*Conciliorum Oecomunicorum Decreta*
COMIC	Conselho Mundial das Igrejas
DS	Dezinger – Hünermann
DV	Constituição Dogmática *Dei Verbum*
EG	Exortação Apostólica *Evangelii Gaudium*
GeE	Exortação Apostólica *Gaudete et Exsultate*
JAC	Juventude Agrária Católica
JEC	Juventude Estudantil Católica
JIC	Juventude Independente Católica

JOC	Juventude Operária Católica
LG	Constituição Dogmática *Lumen Gentium*
LS	Carta Encíclica *Laudato Si'*
UR	Decreto *Unitatis Redintegratio*
UUS	Carta Encíclica *Ut Unum Sint*

INTRODUÇÃO

Já desde o Concílio Vaticano II (1962-1965) que a palavra *reforma* parece ser uma constante no vocabulário e na vida eclesial, ainda que com resistências sérias. Fala-se em reformar diversos âmbitos, seja a própria Igreja como um todo, seja algumas instâncias como a Cúria, a liturgia e a eclesiologia, de onde emana o tema da reforma do papado. Desde Paulo VI (1963-1978), os próprios papas têm reconhecido que o *modus operandi* do ministério papal precisa de uma revisão, de modo que o papa seja mais fiel à sua missão. O Papa João Paulo II (1978-2005) fez um apelo explícito nesse sentido (UUS 95).

Só que essa empreitada se depara com um grande impasse: no século XIX, mais precisamente no dia 18 de julho de 1870. Sob o pontificado do Papa Pio IX (1846-1878), o Concílio Vaticano I (1869-1870) promulgou a Constituição Dogmática *Pastor Aeternus*, que definiu como dogma de fé divinamente revelado a infalibilidade papal em matéria de fé e de costumes, quando o bispo de Roma fala *ex cathedra*. Se feitas nessas circunstâncias, as declarações do papa são irreformáveis *ex sese, non ex consensu Ecclesiae* – por si, não pelo consenso da Igreja.

Não de menor importância, o documento também definiu o primado de jurisdição do bispo de Roma, realçando que "a ele estão obrigados, por dever de subordinação hierárquica e de verdadeira obediência, os pastores e fiéis de qualquer rito e dignidade", acrescentando que o poder do papa é diferente daquele dos demais bispos, já que é "confirmado, corroborado e vindicado pelo pastor supremo e universal" (COD, p. 814). Na verdade, o papa não passou a ser considerado o "chefe da Igreja" a partir do Vaticano I. Esta compreensão já estava presente na Igreja Antiga em alguns dos Padres da Igreja e, ao longo dos séculos, sobretudo depois de o papa se tornar um líder temporal no século VIII, foi se acentuando – embora, nos primórdios, quem tinha importância era a Igreja de Roma, como tal, e não o seu bispo. Isso é importante entender por que, até 1870, o papa ser tido como "chefe da Igreja" era uma *autocompreensão* por parte dos próprios sumos pontífices. Não havia definição alguma a respeito de um primado de jurisdição. Com o Vaticano I, porém, a jurisdição sobre toda a Igreja passou a ser um dogma de fé, a ponto de a Constituição *Pastor Aeternus* afirmar que, se alguém duvidar desta verdade, seja anátema (COD, p. 812).

Falando, pois, em dogma, um questionamento basilar emerge: levando-se em consideração que, em 1870, a infalibilidade e o primado de jurisdição do bispo de Roma foram compreendidos como verdades de fé reveladas pelo próprio

A REFORMA DO PAPADO

Deus, que respostas se poderia dar aos anseios dos últimos papas por uma reforma no exercício do ministério papal, a partir dos desdobramentos do Concílio Vaticano II?

A primeira hipótese é a de que uma reforma do papado precisa partir das origens desse ministério. Nesse aspecto, uma distinção importante precisa ser feita: entre o *carisma petrino*, de um lado, a partir do qual até se pode retomar o texto do Evangelho de Mateus (16,16); e o *papado*, de outro, que aqui será analisado como uma construção que foi se moldando ao longo dos séculos – e, hoje, cercou-se de elementos que, no imaginário católico, são condições *sine qua non* para que o papa exerça seu ministério.

Em geral, a fundamentação bíblico-teológica para o papado deita suas raízes no Evangelho segundo Mateus, no qual Simão, chamado filho de Jonas e representando o grupo dos Doze, foi escolhido pelo próprio Jesus como a "pedra" da fundação da Igreja – não pelos seus méritos pessoais, mas pela confissão de fé (cf. Mt 16,16-18). Por isso, ele recebe "as chaves do Reino dos céus", com poder de ligar e desligar tudo entre o céu e a terra (cf. Mt 16,19), e é chamado Pedro, a "rocha". A partir daí, o apóstolo parece assumir certa primazia sobre os demais discípulos, ainda que a confissão de fé de Pedro seja própria da tradição sinótica. No Evangelho de João, Pedro não faz a profissão de fé, e é chamado filho de João, não de Jonas. Apesar disso, é-lhe atribuído o nome de "Cefas", que quer dizer "pedra" (cf. Jo 1,35-42).

É baseada nessas narrações que a Igreja ensina e prega que o papa, bispo de Roma e sucessor de Pedro, é o princípio e o fundamento perpétuo e visível da unidade, quer dos bispos, quer da multidão dos fiéis. O Concílio Vaticano II (1962-1965) acentua que, "em virtude de seu cargo de vigário de Cristo e Pastor de toda a Igreja, o Romano Pontífice tem poder pleno, supremo e universal sobre a Igreja, e pode sempre exercê-lo livremente" (LG 23). O que se deve pensar, hoje, é a relação entre o *carisma petrino* e o *papado*. Aqui se defende que o carisma petrino permanece, mas o papado muda, conforme as circunstâncias dos tempos – e, naturalmente, se muda, pode ser reformado.

Portanto, aquele que hoje é chamado de *papa* é o bispo da diocese de Roma, cuja missão também é, para resgatar Inácio de Antioquia, "presidir as demais igrejas na caridade" – além de ser chefe de Estado do Vaticano. No entanto, quando um novo papa assume a sua função, o que a maioria dos católicos espera é sua primeira Encíclica, para tentar identificar seu modo de pensar e qual será o caminho que a Igreja percorrerá durante o seu pontificado. Ao mesmo tempo, observa-se com atenção o perfil dos padres nomeados para o episcopado, na tentativa de discernir qual é o perfil que agrada ao chefe da Igreja. Escrever encíclicas e nomear bispos, por exemplo, foram implementações que só apareceram na "rotina papal" séculos depois de sua instituição – isso quando se entende que, na origem do papado, está o apóstolo Pedro.

Portanto, a segunda hipótese para a questão levantada é a de que é preciso contextualizar as definições da Constituição Dogmática *Pastor Aeternus*, do Vaticano I, muito próprias de um tempo no qual tanto a Igreja quanto o papa perdiam, pouco a pouco, o seu real prestígio. Logo, ainda que em âmbito civil o poder do papa estivesse sendo minimizado, eclesiasticamente ele mostrava que tinha poder, cujo primeiro sinal foi, por exemplo, a proclamação do dogma da Imaculada Conceição (1854). Tudo devidamente contextualizado, faltará também à Igreja outro passo importante para a reforma se concretizar: arriscar-se, postura típica diante de qualquer novidade.

O ponto de partida será o século XVIII, com os acontecimentos relacionados à Revolução Francesa. Outros aspectos, relacionados à história do papado até então, estão, de alguma forma, dissolvidos ao longo do texto, visto que a abordagem seguirá três perspectivas que se misturam: uma, de cunho *histórico-eclesial*; outra, de teor *analítico*, partindo da história para se fazer a análise circunstanciada; e, uma última, mais *teológico-pastoral*. Essa trajetória é necessária porque, como afirmou Sesboüé (2015, p. 48), "o conteúdo do dogma tem uma história". Por isso, as análises terão por base a interdisciplinaridade entre história e teologia, com preponderância à primeira, já que esta última "é feita com mediações e a história da Igreja não é uma ciência serva da teologia, mas, sendo autônoma e independente, dialoga, ilumina e é iluminada pela teologia" (SOUZA; GONÇALVES, 2013, p. 22).

A intenção, além de fazer entender que as decisões eclesiásticas são sempre marcadas diretamente pelo contexto no qual se inserem, é tornar claro que nem sempre as coisas foram ou funcionaram como hoje e, portanto, amanhã podem ser diferentes.

CAPÍTULO 1
ASPECTOS DA
CONJUNTURA SOCIOECLESIAL
(SÉCULOS XVIII E XIX)

> O papado é uma construção histórica
> indissociável da história do Ocidente.
>
> (João Décio Passos)

Este capítulo pretende expor os antecedentes históricos que contribuíram para as definições da infalibilidade e do primado de jurisdição do papa, partindo dos acontecimentos da Revolução Francesa (1789), da qual a Igreja já saíra bastante ferida. Aliás, foi graças à circulação dos ideais da Revolução que surgiu o grupo dos católicos liberais, opondo-se àqueles que ficaram conhecidos como "intransigentes".

No contexto em que a polarização crescia, em 1846 chegou ao governo supremo da Igreja o cardeal Giovanni

Maria Mastai Ferreti, que adotou para si o nome de Pio IX (1846-1878) e representou o ápice do distanciamento da Igreja para com o mundo moderno, especialmente com sua tríade de documentos: a carta encíclica *Qui Pluribus* (1846), a bula *Ineffabilis Deus* (1854) e a carta encíclica *Quanta Cura* (1864). Foi durante o pontificado de Pio IX que aconteceu o Concílio Ecumênico Vaticano I (1869-1870), que definiu, na Constituição Dogmática *Pastor Aeternus* (1870), os dogmas que giram em torno do papa. Se, porém, de um lado, o papa era declarado infalível em matéria de fé e de costumes ao falar *ex cathedra*, de outro perdia o poder temporal, graças ao movimento de unificação italiana.

Olhar para esses fatos auxilia no entendimento dos caminhos que a Igreja ia, aos poucos, traçando para si, cada vez mais se compreendendo como uma *Societas Perfectas* governada por um monarca: o papa.

1.1 A Revolução Francesa e o catolicismo

A Revolução Francesa, de tantos fenômenos contemporâneos, foi o mais fundamental. Hobsbawm (2019, p. 99) salienta que isso se deve a três razões: primeiro, porque, depois da Rússia, aconteceu no mais populoso e poderoso Estado da Europa; segundo, porque foi mais radical do que qualquer outro levante comparável; e terceiro, porque foi a única "ecumênica", no sentido de ter atingido e influenciado o mundo todo.

Até a Revolução, o catolicismo continuava a ser a religião oficial do Estado francês. O rei dispunha do direito

A REFORMA DO PAPADO

importante de fazer as nomeações dos titulares de quase todas as dioceses e abadias. O clero, que abrangia cerca de 50 mil sacerdotes dedicados aos serviços pastorais, 18 mil diretores de instituições e 25 mil religiosos, constituía um estado (ou classe social) próprio e uma estrutura bem organizada. Havia ainda 40 mil freiras ou religiosas vivendo nos conventos. Esse "primeiro estado" era dono de mais ou menos 10% dos bens de raiz. Sua renda da ordem, de 100 milhões de libras, era em grande parte isenta de impostos. Enquanto eram comuns as críticas levantadas contra os religiosos e os bispos no período que antecedeu a Revolução, parece que a população, em geral, estava satisfeita com a atividade pastoral dos padres nas paróquias (WOLF, 2017, p. 89).

Entretanto, a Revolução não foi, de modo nenhum, instigada por uma simples crítica à religião ou à Igreja: antes, suas razões eram políticas, sociais, econômicas e, só em última análise, de cunho filosófico e religioso. No fundo, a revolta girava em torno do absolutismo monárquico, e o movimento revolucionário só alcançou unidade graças ao consenso de ideias da burguesia, cujos ideais, formulados por filósofos e economistas, eram os do liberalismo, no qual o Estado não precisa de Deus para alicerçar sua autoridade. No contexto iluminista, do uso e da exaltação da razão, começou-se a questionar qualquer ordem que emanasse "de cima". Foi partindo desse princípio que se iniciou a revolta contra o absolutismo e, mais tarde, contra a Igreja.

Tudo se iniciou quando, para o mês de maio de 1789, o rei Luís XVI (1754-1793) convocou a Assembleia dos Estados Gerais da Nação. A sociedade francesa era dividida em três estados: primeiro, o clero; segundo, a nobreza; terceiro, os camponeses, os artesãos e os burgueses. Dentre os 296 deputados do clero, estavam 47 bispos e 208 párocos (MARTINA, 2005, p. 13). O baixo clero, como predominara, logo se aliou ao terceiro estado, enfraquecendo o soberano e transformando o acontecimento em Assembleia Nacional Constituinte. No dia 14 de julho, a tomada da Bastilha, prisão localizada em Paris onde ficavam os presos políticos, marcou o início da Revolução Francesa.

No dia 4 de agosto, foram abolidos alguns direitos feudais, e no dia 26 foi sancionada a Declaração dos Direitos do Homem e do Cidadão, consonante aos ideais iluministas e princípios liberais da burguesia, cujo lema se tornou *Liberdade, igualdade e fraternidade*. A Declaração proclamava a igualdade de todos perante a lei; estabelecia o povo como a única fonte de poder; ratificava o direito dos cidadãos; e proclamava a liberdade de opinião, de confissão religiosa e de expressar o pensamento, desde que não se perturbasse a ordem estabelecida.

A partir daí, não demorou muito para que a Igreja sentisse as dores da revolução: no dia 2 de novembro daquele ano, ocorreu o confisco dos bens do clero e sua venda; e no dia 13 de fevereiro de 1790, a supressão das ordens religiosas, visando tomar as terras dos monges para resolver a crise financeira que se instalara. Na verdade, não se via muita função nas ordens que só rezavam, mas somente nas que possuíam alguma função social, como hospitais e escolas.

O mais grave, porém, foi a *Constituição Civil do Clero*, de 12 de julho de 1790, que foi um documento unilateral do Estado revolucionário francês, que colocava a Igreja como

A REFORMA DO PAPADO

um setor da administração civil e, portanto, um "órgão" pelo qual o Estado deveria zelar. Havia, no fundo, a tendência de se ter uma Igreja nacional que fosse cuidada pelo rei, e não pelo papa, já que este representaria uma influência externa. A Constituição estabeleceu uma nova organização das dioceses francesas, que passaram de 135 para 83; que os bispos e os párocos deveriam ser eleitos pelo povo, sem confirmação e investidura canônica; que o salário dos ministros do culto seria pago pelo Estado; e que os bispos deveriam obrigatoriamente residir no território de suas respectivas dioceses (MARTINA, 2005, p. 13). Em novembro de 1790, exigiu-se o juramento do clero à Constituição. Quando dois terços se recusaram a fazê-lo, iniciaram-se as perseguições, que culminaram em padres presos, deportados ou executados.

A partir desse momento, o clero se viu dividido entre aqueles que se submeteram à Constituição, que era cerca da metade do baixo clero, e aqueles que se negavam ao juramento. Na ocasião, no dia 10 de março de 1791, no breve *Quot aliquantum*, o Papa Pio VI (1775-1799) condenou a Constituição, além de afirmar que as consagrações dos bispos constitucionais eram criminosas e sacrílegas e que todo o clero, que se submetera ao documento, estava suspenso *a divinis* (MARTINA, 2005, p. 31).

Quando se dissolveu a Assembleia Constituinte, em setembro de 1791, a Assembleia Legislativa tomou seu lugar (1791-1792) e, um ano depois de a França vencer a Áustria, após lhe declarar guerra, nasceu um entusiasmo sem limites pela Revolução. A certeza de que era preciso eliminar qualquer sinal de traição e a fuga de muitos nobres e padres para o exterior foram, aos poucos, tornando o anticlericalismo muito vivo, o que ocasionou, em Paris, de 2 a 4 de setembro, o massacre de mil suspeitos, que atingiu cerca de trezentos padres. A partir daí, cria-se um abismo entre a Igreja e a Revolução, que culminou nas numerosas tentativas de descristianizar a França.

A fase mais crítica, porém, perdurou durante a Convenção Nacional, de novembro de 1792 a outubro de 1795, que organizou uma verdadeira perseguição também às religiosas. A descristianização era acompanhada quase por um culto à Revolução, que secularizou símbolos religiosos e encontrou forças em sinais como o ósculo fraterno, a árvore da liberdade, o altar da pátria, as tábuas dos direitos humanos, os hinos da revolução, a revisão patriótica da nomenclatura de localidades, ruas e até de pessoas, cujos nomes pudessem remeter às origens cristãs. Apareceram catecismos e preces, além de batismos, casamentos e sepultamentos, em que o prefeito exercia o papel de sacerdote e a constituição de 1793 era usada no lugar da Bíblia. Também se introduziu um novo calendário, com a contagem baseada no número de anos da Revolução, na tentativa de pôr fim à era cristã (WOLF, 2017, p. 92). Ao mesmo tempo, em novembro de 1793 se celebrava a festa da Deusa Razão, em *Notre Dame*; e, em maio de 1794, o culto do Ser Supremo.

Durante o período do chamado "Diretório" (1795-1799), a separação entre Estado e Igreja se tornou lei: a república não tinha intenção nenhuma de professar qualquer religião, ficando alheia a toda manifestação de culto. Ao

A REFORMA DO PAPADO

mesmo tempo, as autoridades exerciam pressões ferrenhas sobre os sacerdotes constitucionais para que, a todo custo, renunciassem ao ministério.

1.1.1 Os papas e a Revolução Francesa

Em 1796, quando Napoleão Bonaparte (1769-1821) assumiu o exército francês aos 27 anos, o Diretório esperava, da parte do papa, um *Breve* para convidar os católicos a aceitar o regime publicano. Na ocasião, o Papa Pio VI (1775-1799) redigiu um documento exortando os católicos franceses a obedecerem aos que os comandavam, ao mesmo tempo em que lhes orientava a não dar crédito nenhum a quem lhes impusesse outra doutrina que não fosse a da Sé Apostólica.

Os radicais, no entanto, esperavam que o papa também revogasse todos os documentos promulgados a partir de 1789, ou seja, que declarasse nula a condenação à Constituição Civil do Clero e reabilitasse os "padres jurados". Como não se chegou a esse ponto, no dia 2 de fevereiro de 1798 o exército francês ocupou Roma e, no dia 20, Pio VI, já com pouco mais de 80 anos, foi obrigado a deixar a cidade. O papa chegou a Valence em março de 1799, falecendo em agosto. No entanto, Pio VI, já prevendo que morreria distante de Roma, deixara uma normativa para o conclave, na qual o decano e outros quatro conceituados cardeais poderiam decidir onde realizar as assembleias – porque o costume era que a eleição acontecesse na cidade em que o papa falecesse. O conclave se iniciou em 1º de dezembro de 1799, em Veneza, com 36 dos 45 cardeais, e durou até 4 de março de 1800, elegendo o cardeal Barnaba Chiaramonti, que assumiu o nome de Pio VII (1800-1823).

Napoleão havia chegado ao poder no dia 9 de novembro de 1799, e logo sentira a necessidade de uma proposta de reconciliação, visto que enxergava a religião como um fator político. No dia 15 de julho de 1801, a França e a Santa Sé assinaram uma *Concordata*, na qual reconheciam o catolicismo como a religião da maioria dos franceses. Ao mesmo tempo, realizava-se uma nova divisão das dioceses, de 83 para 60; convidava-se todos os titulares do episcopado francês, os legítimos e os constitucionais, a renunciar, deixando a cargo do primeiro-cônsul a responsabilidade da nomeação dos novos bispos; e a Santa Sé se comprometia a não incomodar aqueles que haviam comprado os bens eclesiásticos alienados (MARTINA, 2005, p. 20).

Bonaparte, porém, vinculara à Concordata os 77 "artigos orgânicos", que formavam um código de direito eclesiástico de espírito galicânico, que fora uma forte tendência da Igreja francesa, no século XVII, de se tornar uma Igreja nacional, com oposição ao papa. Na verdade, a partir daquele momento, para que os bispos publicassem um documento, convocassem sínodos ou concílios e publicassem suas decisões, e até para a nomeação dos párocos, era necessário o *placet* do Estado. Obrigava-se o ensino dos quatro artigos galicânicos nos seminários e a ordenação de novos sacerdotes passava a ser submetida a altos controles. Passou a ser permitido somente um catecismo em toda a França, chamado *Catecismo Napoleônico*, que insistia, sobretudo, na obediência ao imperador, e se afirmava a precedência

A REFORMA DO PAPADO

obrigatória do casamento civil ao religioso. Logo, o Estado passou a controlar a documentação.

Os protestos do papa de nada adiantaram. No dia 2 de dezembro de 1804, após realizar um plebiscito, Napoleão se tornou imperador. Convidado, o Papa Pio VII estava presente, na intenção de coroá-lo. No entanto, Bonaparte coroou a si mesmo, quase afirmando que chegara àquele posto por seus próprios méritos e não precisava do reconhecimento papal, o que representou uma humilhação pública para o papa.

Além disso, em fevereiro de 1808 Napoleão mandou ocupar Roma e os Estados Pontifícios, que se anexaram ao império em maio de 1809. Pio VII excomungou os executores da invasão e, em julho, foi preso e lentamente levado à França, onde chegou a 1812. Em 1813, ainda detido, Pio VII assinou uma nova concordata que praticamente o deixava à mercê do imperador. Três dias depois, porém, redigiu uma declaração, na qual reconhecia o erro e cancelava o acordo. O papa foi reentronizado em Roma somente no dia 24 de maio de 1814.

No início do século XX, o papado parecia atravessar um dos momentos mais difíceis da era moderna. As pessoas se perguntavam se o papado e a Igreja católica ainda teriam algum futuro. Pio VI havia morrido (1799) só e abandonado, prisioneiro da Revolução Francesa. O episcopalismo parecia que iria triunfar, sendo o sistema papal e a infalibilidade, segundo alguns autores alemães e franceses, questões antiquadas e sem importância histórica. Não restavam dúvidas de que nenhum outro acontecimento histórico contribuiu tanto para o triunfo do papado no Vaticano I como a Revolução Francesa. [...] Este foi um golpe inédito na história da Igreja e um passo para o triunfo do ultramontanismo. As atrocidades cometidas por Napoleão em relação a Pio VII somente reforçaram o prestígio do papa (SOUZA; GONÇALVES, 2013, p. 32).

Com a decadência napoleônica, realizou-se o Congresso de Viena (1814-1815), visando à reorganização das fronteiras europeias. Havia uma tendência de se acreditar que tudo voltaria a ser como era antes do início da Revolução Francesa, no Antigo Regime. No entanto, a revolução política, iniciada no século XVIII, havia destruído os fundamentos do Antigo Regime que, por sua vez, já não poderia ser reconstruído, porque, em maior ou menor medida, a sociedade havia adotado uma visão de si mesma e de todas as realidades humanas baseada em princípios mais democráticos e igualitários, ou seja, o sufrágio universal, a tolerância e a liberdade de consciência eram valores aos quais ninguém renunciaria voluntariamente.

De fato, já havia se passado dezesseis anos da circulação dos ideais liberais, que chegaram, inclusive, a muitos monarcas e, como não poderia ser diferente, também à Igreja.

1.2 A Igreja e o mundo liberal

No liberalismo, o princípio fundamental que inspira a estrutura política da sociedade é o separatismo: a ordem político-cívico-temporal e a ordem espiritual-religioso-sobrenatural são diferentes e convivem separadamente, ou seja, o Estado e a Igreja caminham por vias que não se cruzam. A sociedade civil tem uma natureza coletiva, enquanto a religião é de âmbito íntimo; a sociedade tem como fim a prosperidade material, enquanto a religião se preocupa com a vida "eterna"; a sociedade, na medida em que valoriza o indivíduo, não quer violar o sacrário da consciência, enquanto a religião se desdobra justamente no íntimo da consciência. Não há elementos comuns entre a sociedade e a religião, que precisam se ignorar mutuamente (MARTINA, 2005, p. 52).

Ao estenderem-se as ideias liberais também no campo da filosofia e da economia, extrapolando a política, parece óbvio que a instituição eclesial não ficaria à margem. Ainda que formalmente nunca tenha aderido a um movimento ou a outro, os efeitos da pregação e da ação dos que sustentavam a posição liberal se fizeram sentir na Igreja, já que muitos dos pensadores, economistas, homens de negócios e funcionários públicos que se identificam com as ideias do liberalismo eram também crentes cristãos.

Paralelamente, o Congresso de Viena havia levado relativa paz e ordem, a ponto de as pessoas se perguntarem como tinha sido possível toda aquela catástrofe. Nesse sentido, as potências vitoriosas tinham por objetivo acabar com qualquer impulso revolucionário. Por isso, o período entre o Congresso de Viena e a Revolução de 1848 recebeu o nome de "era da restauração", no intuito de garantir, no campo político, a ordem pré-revolucionária de paz e estabilidade (WOLF, 2017, p. 109).

1.2.1 Os católicos intransigentes e os católicos liberais

A oposição entre a Igreja e a sociedade liberal existiu porque havia, no sistema liberal, algumas características que contrastavam com o pensamento e a praxe eclesial:

primeiro, a sociedade liberal era vista como antitradicionalista, o que criava um clima cultural e psicológico que influenciava as escolhas concretas; segundo, o liberalismo propunha uma forma de produção econômica que projetava um enriquecimento generalizado; e, terceiro, diferente do *ancien régime*, que dera forma política à unidade do corpo social, a sociedade liberal dava forma política à divisão do corpo social. Nesse espírito, os próprios papas que sucederam a Pio VII, com o programa da restauração, tinham em vista recuperar o que a Revolução havia destruído: Leão XII (1823-1829) nunca quis adaptar a Igreja aos tempos novos, mas restaurar os tempos passados; e Pio VIII (1829-1830) pretendeu, a todo custo, defender a fé dos ataques que sofria (ZAGHENI, 1999, p. 44).

Isso equivale a dizer que, naquele contexto, nem tudo era mais tão uniforme no seio da Igreja. Diante de um mundo novo que emergia, desenvolveu-se entre os católicos uma dupla tendência: de um lado, os intransigentes (na França chamados de "ultras", ou seja, mais realistas que o rei); de outro, os liberais. Contra uma mentalidade nova que aos poucos se difundia, ainda predominou, em grande parte do século XIX, o conceito de Igreja como *societas perfecta*,[1] graças, sobretudo,

---

[1] O tema da Igreja, compreendida como sociedade desigual e hierárquica, encontrou sua formulação precisa em uma afirmação de Gregório XVI, que escrevera: "Ninguém pode ignorar que a Igreja é uma sociedade desigual, na qual Deus reservou a alguns a missão de mandar e, a outros, de obedecer; estes últimos são os leigos; os demais são os eclesiásticos". Essa visão se tornou um traço fundamental da eclesiologia oficial, especialmente no período entre o Vaticano I e o Vaticano II (GRILLMEIER, A., apud ZAGHENI, G., 1999, p. 60).

A REFORMA DO PAPADO

aos católicos intransigentes, que não aceitavam nenhuma ideia da Revolução Francesa ao interno da Igreja.

A rigor, os católicos intransigentes tinham forte conservadorismo e grande temor de perder os antigos privilégios, o que gerava um exacerbado sentido de autoridade e uma grande desconfiança de tudo o que era novo. Qualquer novidade política era revolução; filosófica, erro; teológica, heresia. Para eles, o melhor sistema era o Absolutismo Monárquico, visto que preferiam soluções definitivas, de uma vez para todo o sempre. Os intransigentes não aceitavam quem lutasse pela igualdade, pela ideia da promoção dos pobres e pela difusão da instrução, visto que, na sua concepção, a paz se mantinha com a ignorância das pessoas (MARTINA, 2005, pp. 153-154).

Em 1884, o sacerdote espanhol Sardá y Salvay (1844-1916) publicou o livro *El liberalismo es pecado!*, símbolo da atitude dos intransigentes diante das liberdades modernas. A imprensa católica do século XIX, em grande parte, foi tomada por essas ideias: a liberdade era a amiga mais fiel e cara ao demônio, porque abria o caminho a quase infinitos pecados. Por isso, qualquer migalha de liberdade deveria ser condenada. De igual modo, a liberdade de consciência foi vista como loucura, e a de imprensa, um mal que jamais seria suficientemente deplorado. Para os intransigentes, a história moderna era uma progressiva apostasia (abandono da fé), que havia atingido o ápice com a Revolução, que consistiu em um ataque das potências do mal contra os filhos da luz, imunes de toda culpa e de todo erro.

De outro lado, os católicos liberais acreditavam que era possível estabelecer uma ponte entre o Evangelho e os "novos" princípios. Para eles, a maioria dos católicos ainda não aceitava os ideais liberais porque, em sua maioria, muitos não haviam aceitado o novo regime político e permaneciam fiéis ao absolutismo, que, na visão dos liberais, já estava morto. Nesse sentido, era preciso chegar a um acordo entre os princípios religiosos imutáveis e as novas circunstâncias histórico-políticas.

Assim imbuídos, os católicos liberais defendiam a separação entre a Igreja e o Estado e, automaticamente, a livre nomeação dos bispos por parte da Igreja. Reivindicavam, sobretudo, as liberdades de consciência, de culto, de ensino, de imprensa e de associação. O aprofundamento da missão espiritual da Igreja, os anseios por um retorno à pobreza original, a firme vontade de renunciar a todo meio coercitivo ao prestígio, como suportes da própria autoridade, levaram a ver com muita distância o apoio do Estado, repleto de perigos, e, portanto, a desejar a renúncia ao sistema concordatário, desde que fosse conseguida a plena liberdade de ação. O mérito essencial de todos os liberais católicos foi o de ter afirmado a absoluta necessidade de se chegar a um acordo entre a Igreja e o mundo moderno (MARTINA, 2005, p. 204).

Esses ideais encontravam expressão na revista *L'Avenir*, cujos editores eram Felicité de Lamennais (1782-1854), Henri-Dominique Lacordaire (1802-1861) e Charles René de Montalambert (1810-1870), conhecidos na história como *peregrinos da liberdade*. De fato, diante de certa miopia da

A REFORMA DO PAPADO

conjuntura eclesial, os três não se deram conta de que, à época, a maioria católica ainda era intransigente, a ponto de se deslocarem até Roma para pedir autorização expressa ao papa para publicarem a revista, que, no entanto, só foi publicada de outubro de 1830 a novembro de 1831. Conceder uma aprovação explícita era contrária à prática da Cúria. Na ocasião, em março de 1832, apesar de a audiência ter sido marcada com o pontífice romano, os editores foram atendidos por um cardeal bastante intransigente e o papa nem sequer dissera algo. Para Martina (2005, p. 194), "o silêncio era uma eloquente, embora implícita, desaprovação".

No dia 15 de agosto daquele mesmo ano, no entanto, o Papa Gregório XVI (1831-1846) publicou a encíclica *Mirari Vos*, na qual, dentre as temáticas tratadas, estavam as duas fontes do mal: a liberdade de imprensa e o indiferentismo religioso. Gregório XVI condenou os princípios do liberalismo político e religioso e, ainda que implicitamente, também "condenou" a revista *L'Avenir* e, no plano prático imediato, rejeitou a linha dos católicos liberais.

Nessa encíclica, a ideia de renovação da Igreja foi considerada um ultraje.

> Sendo, portanto, máxima infrangível – para valer-nos das palavras dos padres tridentinos – que a Igreja foi "instruída por Jesus Cristo e seus apóstolos, e é dirigida pelo Espírito Santo, o qual diariamente lhe sugere todo tipo de verdade", *parece claro quanto seja absurdo e sumamente ultrajante para a mesma Igreja o propor certa restauração e regeneração como necessária para prover sua salvação e seus progressos, como se fosse possível entendê-la sujeita a defeito, ou a obscurecimento, ou a outros inconvenientes*

do gênero. Tudo isso são maquinações e tramas dirigidas pelos inovadores, tendo em vista seu desafortunado fim de lançar os fundamentos de um recente empreendimento humano, onde surja aquilo que tanto detestava são Cipriano, "que a Igreja se tornasse uma realidade humana", ela que é inteiramente divina. Mas aqueles que vão meditando tais desígnios, considerem que, pelo testemunho de s. Leão, somente ao romano pontífice "é confiada a dispensa dos cânones", e que somente a ele compete, e a nenhum outro homem, definir qualquer coisa "a respeito das regras de paternas sanções", e, como escreve s. Gelásio, "sacudir em tal maneira os decretos dos cânones e comensurar os preceitos dos predecessores de modo tal que, após diligentes reflexões, traga conveniente renovação àquelas coisas que a necessidade dos tempos requerem dever-se prudentemente rever para o bem das Igrejas" (GREGÓRIO XVI, 1990, p. 31).

Atormentado pelos males e perigos que afligiam a Igreja, Gregório XVI não se deu conta de que dentro da Igreja existiam muitas coisas que não funcionavam e que seria necessária uma renovação. Ao contrário, como parte do programa de restauração, Gregório XVI não quis introduzir estradas de ferro nos Estados Pontifícios, sob a alegação de que facilitaria a circulação das pessoas e, consequentemente, a entrada de ideais liberais; além de não permitir a iluminação pública a gás nas ruas, porque poderia favorecer reuniões noturnas para disseminar as ideias liberais.

As discussões entre intransigentes e católicos liberais se acirraram devido ao entrelaçamento de outros elementos: na França, a polêmica entre a confiança na razão e o tradicionalismo (o sistema filosófico-teológico chamado tradicionalismo, que negava à razão humana a capacidade de chegar com suas forças às

A REFORMA DO PAPADO

verdades religiosas fundamentais, como a existência de Deus, a imortalidade da alma e semelhantes), entre o galicanismo sobrevivente e o ultramontanismo; na Itália, a luta entre os seguidores da filosofia escolástica e os defensores do sistema rosminiano, entre os que aspiravam à unidade nacional e os que sustentavam os direitos do papa sobre o poder temporal; na Alemanha, as controvérsias em relação à autoridade do magistério romano; na Inglaterra, as dissensões entre os que julgavam inevitável e positivo o diálogo com os anglicanos e os que visavam manter os fiéis dentro da paliçada confessional. A luta entre as duas tendências durou por todo o século, mas se exacerbou com Gregório XVI, chegando ao momento mais crucial com Pio IX (MARTINA, 2005, pp. 163-164).

O final do pontificado de Gregório XVI representou uma libertação aos romanos, visto que seu governo foi considerado tirânico e obscurantista. Todos esperavam um novo papa capaz de enfrentar a situação social e política de maneira diplomática. É quando sobe ao trono papal o Papa Pio IX (1846-1878).

1.3 A eleição de Pio IX ao governo da Igreja

O conclave, que começou no dia 14 de junho de 1846, passadas apenas 48 horas do seu início, elegeu o cardeal Giovanni Maria Mastai Ferretti, que escolheu para si o nome de Pio IX. Depois de São Pedro, foi o mais longo pontificado da história do papado, encerrado em 1878, com sua morte.

Mastai Ferreti nascera no dia 13 de maio de 1792, tendo sido ordenado sacerdote em 1819. Sua carreira eclesiástica se iniciou com uma viagem ao Chile (1823), razão pela qual ele pedira permissão para permanecer em missão na América Latina. Essa possibilidade, no entanto, foi-lhe negada. No ministério sacerdotal, dedicava-se à pregação, razão pela qual passou a ser bastante estimado em Roma. Em 1827, o Papa Leão II o nomeou bispo de Spoleto. Em 1832, o novo Papa Gregório XVI o transferiu para a diocese de Ímola. Foi nomeado cardeal em 1840.

Pio IX era essencialmente um pastor, descrito como uma "pessoa afável, cordial, emotiva, impulsiva, dotada de uma boa dose de humorismo, mas também de um determinado fatalismo" (MONDIN, 2007, p. 574). De fato, Pio IX procurava defender um direito da Igreja de todas as formas. O novo papa tinha também suas tendências moderadas, que alguns interpretavam como simpatia pelo liberalismo que, na verdade, lhe era detestável.

Quando jovem, Mastai Ferreti sofrera de graves distúrbios nervosos, superados somente após a ordenação. Conservando uma forte emotividade, facilmente se impressionava, cedia aos impulsos e acabava fazendo promessas ou declarações que, pouco tempo depois, era obrigado a desdizer. De igual modo, devido a essas intempéries, teve uma formação científica bastante precária, que ele não completou. Essa lacuna teológica, diante das controvérsias surgidas em seu pontificado, revelou também certa gravidade. Além disso, Pio IX também era levado por certo pseudo-misticismo, que o fazia confundir o plano político com o sobrenatural e esperar passivamente a solução dos acontecimentos por uma intervenção da Providência, sem tomar nenhuma iniciativa para o aprofundamento dos problemas (MARTINA, 2005, pp. 214-215).

A REFORMA DO PAPADO

Apesar de tudo, desde sempre padre Mastai Ferreti fora um homem caridoso. Quando papa, prosseguiu sua ação como padre e pastor. Faleceu em 7 de fevereiro de 1878, enquanto rezava o rosário, e foi enterrado no Vaticano. Seu corpo foi velado entre os dias 9 e 13, com grande número de fiéis que se dirigiam até Roma para dar o último adeus ao papa.

Embora tivesse boa fama com as massas católicas, o papa era muito impopular entre o povo de Roma e os mais intelectuais, principalmente fora da Itália, por causa de sua personalidade ardentemente piedosa e por certa compaixão, motivada por todos os infortúnios que sofrera com tanta serenidade e coragem.

A história, porém, que reservou triunfos a Pio IX, também lhe destinou insultos. Em 1880, conforme desejara, seu corpo foi transferido para San Lorenzo in Verano. O translado foi feito à noite, na tentativa de evitar problemas com os anticlericais. Todavia, o cortejo fúnebre foi atacado perto do Castelo Sant'Ângelo. Por pouco o corpo não foi lançado ao rio Tibre (SOUZA, 2020, p. 279). Pio IX foi beatificado no dia 3 de setembro de 2000, pelo então Papa João Paulo II.

1.3.1 A "tríade" de Pio IX

O momento histórico em que Pio IX subiu ao governo da Igreja foi marcado por dificuldades, principalmente em âmbito político. A cultura iluminista já se havia apoderado de praticamente todas as classes da sociedade que, por sua vez, não estavam dispostas a aceitar regimes monárquicos absolutos e exigiam constituições mais liberais. Ao mesmo tempo, os Estados Pontifícios eram ameaçados devido ao movimento de unificação italiana; e, no campo religioso, as forças anticlericais eram bastante vivas, oriundas da secularização e do próprio Iluminismo.

Pio IX não aceitava o regime constitucional; "enorme era sua aversão aos católicos liberais" (SOUZA, 2020, p. 280), já que o papa não só compreendia o liberalismo como inadequado para a Igreja como também o julgava ruim em si mesmo. Desse modo, nos tempos em que a questão social começava a emergir, aos pobres e aos operários recordava-se que sua posição fazia parte da ordem natural e imóvel das coisas, e que a Providência havia assim fixado para facilitar, a quem a aceitasse com resignada paciência, o acesso deles à salvação ultraterrena. Advertia-se também para que não se aderisse à trama contra a autoridade do papado e da Igreja, porque, se não se aceitasse mais essa verdade, o castigo divino se abateria sobre todos, empurrando-os para a anarquia e a barbárie. Para evitar esse grande mal, era necessário operar a restauração da sociedade cristã, na qual a Igreja e o papado constituíam o fundamento e a legitimação última da autoridade. Por detrás dessa concepção, estava aquilo que Zagheni (1999, pp. 44-47) chama de "ideologia da cristandade", que, em linhas gerais, foi o modelo cultural dominante de que se serviu a Igreja para definir a sua relação com o mundo e com a sociedade, com raízes no canonismo medieval e na reforma gregoriana, encontrando uma especial adaptação na eclesiologia tridentina. Essa visão foi "superada" apenas no Concílio Vaticano II (1962-1965).

Nesse contexto, o pontificado de Pio IX foi marcado por um forte caráter apologético, ou seja, de defesa da fé diante dos "ataques" vindos de fora, cujo teor foi bastante acentuado em seus documentos pontifícios: a carta encíclica *Qui Pluribus*, de 1846; a bula *Ineffabilis Deus*, de 1854; e a carta encíclica *Quanta Cura* e o *Syllabus*, de 1864.

A primeira encíclica, a *Qui Pluribus*, lançada no dia 9 de novembro de 1946, visava defender a fé contra as doutrinas e práticas que não condiziam com a autoridade divina intrínseca à Igreja, que, como tal, possuía a função de condutora dos bons costumes. Nesse sentido, a encíclica listava os desvios que, oriundos das instâncias modernas, contrapunham-se à Igreja, a saber: o da *Sociedade Bíblica*, que partindo da modernidade pretendia traduzir a Escritura nas mais diversas línguas, utilizando da filosofia e de outros instrumentos; o do *liberalismo*, que se opunha ao celibato do clero e corrompia a juventude; o do *comunismo*, que eliminava o direito ao patrimônio, à propriedade privada e à fé religiosa; e o da *filosofia moderna*, mãe de diversos danos morais e religiosos que se mostravam na degeneração dos costumes, no desprezo à religião e em outras instâncias. Para superar esses desvios, só havia uma solução: a observação e o respeito da autoridade divina da Igreja, que devia ser sobreposta a todos os homens (SOUZA; GONÇALVES, 2013, p. 54).

É importante notar que, aquele que se tornará, depois, o papa da infalibilidade, já introduzira esse ensinamento em sua encíclica programática, quando alertava que a fé, no conhecimento da verdade e para se desviar de erros, poderia contar com a autoridade do pontífice romano:

É claro, portanto, em quão grande erro se debatem também aqueles que, abusando da razão e julgando coisa humana as palavras de Deus, têm a audácia de explicá-los e interpretá-los a seu arbítrio, se bem que *Deus mesmo tenha constituído uma autoridade viva que ensinasse e precisasse o sentido verdadeiro e legítimo da sua celeste revelação, e decidisse de todas as questões quanto à fé e aos costumes com juízo infalível*, para que os fiéis não sejam levados por todo vento de doutrina, pela malícia com que os homens induzem ao erro (cf. Ef 4,14). Esta *viva e infalível autoridade vigora somente* naquela Igreja que – edificada pelo Cristo Senhor sobre Pedro, de toda a Igreja o chefe, o príncipe e pastor, cuja fé ele prometeu nunca seria abalada – teve sempre, sem interrupção, os seus legítimos Pontífices, que trazem sua origem do mesmo Pedro, estabelecidos na cátedra dele e herdeiros e defensores da sua doutrina, dignidade, honra e poder. E já que, onde está Pedro, aí está a Igreja, e *Pedro fala pela boca do bispo de Roma* e, nos seus sucessores, sempre vive e julga e garante aos que buscam a verdade da fé, é claro, portanto, que as palavras divinas devem ser recebidas com o mesmo sentimento que anima esta cátedra romana do beatíssimo Pedro, a qual, mãe e mestra de todas as Igrejas, manteve sempre íntegra e inviolada a fé transmitida pelo Cristo Senhor e a tem ensinado aos fiéis, mostrando a todos o caminho da salvação e a doutrina da incorrupta verdade (PIO IX, 1846, grifos nossos).

Constate-se que, embora ainda distantes do Vaticano I, as ideias que mais tarde se tornariam fundamentação dos dogmas do primado e da infalibilidade aqui já apareciam, especialmente porque, como escreveu o papa, Deus o constituíra o bispo de Roma, *sucessor de Pedro*, com a autoridade para ensinar o real sentido da Revelação e para *decidir todas as questões quanto à fé e aos costumes, de modo infalível*. Entretanto, é importante destacar que Pio IX aqui o compreendia em um sentido amplo, visto que fala de "*todas as questões quanto à fé e aos costumes*".

O segundo documento do Papa Pio IX, que merece destaque, é a bula *Ineffabilis Deus*, publicada no dia 8 de dezembro de 1854, na qual se proclamava o dogma da Imaculada Conceição. De certa maneira, a proclamação desse dogma já era um ensaio à futura infalibilidade (WOLF, 2017, pp. 146-147). O objetivo da proclamação foi ressaltar a santidade e a plena inocência de Maria por meio de um dogma, que é "utilizado pela Igreja para exprimir uma verdade de fé definitiva em seu conteúdo e passível de aperfeiçoamento em sua forma" (SOUZA; GONÇALVES, 2013, p. 56).

Küng destaca que o atraso temporal entre as evoluções no seio da Igreja e na sociedade eram impressionantes: no mesmo decênio em que Charles Darwin (1809-1882) anunciava a teoria da evolução, Pio IX teve a ideia, para demonstrar seu poder pleno e infalível, de promulgar um dogma por iniciativa própria. Proclamar um dogma era uma ação que, até então, se havia realizado tradicionalmente em um Concílio, como resposta a uma situação conflitiva e para evitar a heresia. A intenção de Pio IX era clara: avivar a piedade tradicional e fortalecer o sistema romano (KÜNG, 2014, p. 119).

Do ponto de vista histórico, a proclamação do dogma também demonstrava, mais uma vez, o caráter apologético de que se revestiu a Igreja naquele contexto, além de ser uma demonstração, da parte do papa, de que ele tinha poder. Aliás, o próprio monumento, colocado na Praça Mignanelli em Roma, no dia 8 de dezembro de 1857, era, no fundo, também um símbolo de poder.

Para a proclamação do dogma, Pio IX baseara-se no consenso dos papas Alexandre VII (1655-1667) e Gregório XVI, além de estabelecer um trabalho preparatório realizado por uma comissão dos cardeais da Igreja de Roma junto a teólogos de bom nome, para que fosse bem examinada a possibilidade do dogma (SOUZA; GONÇALVES, 2013, p. 58).

Por fim, também para celebrar os 10 anos da proclamação do dogma da Imaculada Conceição, no dia 8 de dezembro de 1864, o Papa Pio IX lançou a carta encíclica *Quanta Cura*, visando apontar os "erros modernos" que colocavam a fé da Igreja em perigo. O documento propunha a superação desses erros reafirmando a autoridade da Igreja, fundamentada, por sua vez, na autoridade que vinha de Deus. Em destaque, os erros modernos eram o naturalismo e o panteísmo, o liberalismo, o comunismo e o socialismo, e a dissociação entre Igreja e Estado. Este último, sobretudo, denotava a submissão da autoridade da Igreja e da Sé Apostólica de Roma à autoridade civil, a qual determinaria os procedimentos civis corretos.

Fato é que, para fortalecer a *Quanta Cura*, Pio IX elaborou um elenco de erros modernos, o *Syllabus*, deixando explícita sua condenação e reforçando o objetivo de reafirmar a autoridade da Igreja (SOUZA, 2020, p. 280). A ideia de compilar um elenco de erros da época para condená-los em bloco já havia surgido nos primeiros anos do pontificado de Pio IX e, no desdobrar dos acontecimentos, foi sendo aprimorada, embora tivesse sido abandonada em alguns momentos. A aceleração efetiva veio em setembro de 1864, provavelmente por causa da Convenção de 15 de setembro assinada entre os governos italiano e francês sobre o destino de Roma (ZAGHENI, 1999, pp. 139-140).

A REFORMA DO PAPADO

Ao todo, no *Syllabus* foram feitas dez listas de erros que envolveram: 1) o panteísmo, naturalismo e o racionalismo absoluto; 2) o racionalismo moderado; 3) o indiferentismo; 4) o socialismo, o comunismo, as sociedades secretas, as sociedades bíblicas e as sociedades clerical-liberais; 5) os erros na Igreja e seus direitos; 6) os erros que afetam a sociedade civil, considerados em si como em suas relações com a Igreja; 7) os erros sobre a moralidade natural e cristã; 8) os erros sobre o casamento cristão; 9) os erros em torno do principado civil do Pontífice Romano; 10) e os erros que se relacionam com o liberalismo (PIO IX, 1864).

Embora, como se afirmou, as motivações políticas estivessem presentes na redação do *Syllabus*, os problemas territoriais e as questões relativas à Santa Sé e ao novo Estado unitário italiano acabaram não sendo centrais na estrutura de fundo do documento. Isso fica evidente quando se leva em consideração os problemas ligados à proposição de número 80: "O Romano Pontífice pode e deve reconciliar-se e fazer amizade com o progresso, o liberalismo e a civilização moderna" (PIO IX, 1864). A condenação dessa tese levou os adversários a proclamarem o obscurantismo da Igreja, embora, tal como soa, o texto seja infeliz, porque a frase, em seu contexto, tirada da alocução de 18 de março de 1861, intitulada *Jamdudum cermimus*, continha um significado profundamente diferente: Pio IX dizia que, se o moderno progresso, o liberalismo e a moderna civilização eram sinônimos de indiferentismo religioso, a Igreja não poderia reconciliar-se com esse progresso, esse liberalismo e essa civilização (ZAGHENI, 1999, pp. 141-142).

Intencionalmente ou não, a publicação do *Syllabus* fez crescer a polarização entre liberais e intransigentes. No entanto, questionava-se até que ponto o documento tinha caráter determinante, e sobretudo se o papa havia condenado os valores da modernidade em si mesmos ou tão somente suas problemáticas, próprias daquele contexto.

Uma interpretação atenuante foi feita pelo bispo Félix Dupanloup (1802-1878), de Orleans, que, mais tarde, se posicionaria contra o dogma da infalibilidade. Para o bispo, a condenação de uma posição não significava o endosso da postura contrária. Além disso, era preciso observar com atenção a diferença entre "tese" (como ideal, "bem em si") e "hipótese" (como aplicação prática em vista das condições de determinada época). Nesse sentido, o papa teria condenado somente o indiferentismo religioso em si, mas não os governos que haviam incluído a liberdade religiosa em suas constituições. Diante das circunstâncias, essa interpretação se impôs quase como oficial (WOLF, 2017, p. 151).

> [...] Para Pio IX, o cristianismo e o modernismo eram incompatíveis entre si. Houve uma rejeição clara da ideia de ver a liberdade religiosa como um direito humano e como valor inerente ao progresso humano. O papa não pretendia condenar apenas excessos concretos; ele rejeitava a ideia em si. O *Syllabus* foi o "manifesto drástico" de um "antiposicionamento" católico fundamental. No fundo, a interpretação de Dupanloup e de outros diluía a intenção clara do papa. Haveriam de se passar cem anos até que o Concílio Vaticano II reconhecesse finalmente, na declaração *Dignitatis humanae*, a liberdade religiosa condenada por Pio IX (WOLF, 2017, pp. 151-152).

O *Syllabus* deve ser compreendido como o ápice de uma sucessão de posicionamentos assumidos pelos papas no sentido de rejeitar o modernismo, como já acontecera, em 1832, com a encíclica *Mirari vos*, de Gregório XVI. O documento de Pio IX superou o de seu antecessor por dois aspectos: primeiro, pela dureza do tom; e, depois, pela visão ainda mais negativa da realidade (ZAGHENI, 1999, p. 140).

O teor, porém, dos erros apontados permite concluir que a preocupação central de Pio IX estava relacionada à perda de terreno por parte da Igreja Católica, ou seja, daquilo que se poderia definir como monopólio na produção e veiculação do capital simbólico associado ao sagrado. O avanço da chamada Civilização Moderna, associada ao liberalismo e ao progresso, deslocaria, segundo a interpretação ultramontana, a religião do seu lugar tradicional, o que fez com que a Igreja reagisse às transformações do período, ao invés de dialogar (SILVA; CARVALHO, 2019, p. 27).

1.4 A questão romana

A questão romana diz respeito, basicamente, ao movimento de unificação italiana – *Risorgimento*, em italiano –, cuja iniciativa partira do rei do Piemonte e da Sardenha, Carlos Alberto (1832-1849), um liberal convicto. Até então, não existia Itália, mas sim vários reinos e territórios, incluindo os Estados Pontifícios, que, desde 754, quando criados, anexaram outros territórios a si e se expandiram. Para alcançar, no entanto, a conquista de fundar o reino da Itália, era necessária uma guerra contra o Império Austro-Húngaro, e a ideia partiu justamente de Carlos Alberto, que, em um encontro com os líderes dos demais territórios, reforçou sua vontade da unificação italiana.

Já se está sob o pontificado do Papa Pio IX. De junho de 1846 a abril de 1848, perdurou o equívoco do papa liberal, do qual o pontífice não se dera conta e, ainda por cima, contribuía para alimentá-lo com gestos que prestavam a diferentes interpretações e correspondiam a um impulso contraditório do que realmente almejava.

A primeira atitude de Pio IX foi quando, em 16 de julho de 1846, trinta dias depois de eleito, emanou um *edito de perdão*, concedendo anistia para os crimes políticos, condicionada a uma confissão do erro e a um pedido de perdão. Nisso não havia nada de singular ou revolucionário, já que era costume que assim se procedesse em todo início de pontificado. À época, no entanto, o gesto despertou bastante entusiasmo, especialmente porque, por ocasião da morte de Gregório XVI, os cárceres pontifícios estavam repletos de condenados políticos.

Todavia, aos poucos a opinião pública se persuadia de que estava se iniciando um novo tempo. A impressão também se confirmou pela escolha do novo secretário de Estado, o cardeal Tommaso Pasquale Gizzi (1787-1849), que tinha fama de liberal. Depois, foi concedida uma moderada liberdade de imprensa, criou-se um conselho de ministros e uma guarda cívica, admitiu-se leigos ao governo e se criou uma assembleia de deputados, com força consultiva (MARTINA, 2005, p. 217). A questão era puramente hermenêutica: se o papa era liberal, por consequência, era favorável à unificação italiana.

A REFORMA DO PAPADO

Para fortalecer ainda mais essa hipótese, no dia 10 de fevereiro de 1848, prestes a Carlos Alberto iniciar a guerra, Pio IX fez uma proclamação cuja conclusão era: "Abençoai, Senhor Deus, a Itália; conservai sempre esse dom de todos preciosíssimo, a fé!". A questão é que não existia ainda a Itália. Em março do mesmo ano, o papa publicou a carta constitucional dos Estados Pontifícios, propondo uma modernização da organização do Estado. Em um contexto como esse, os liberais não tiveram dúvidas: começaram a pressionar o papa para que se posicionasse a favor do rei de Piemonte e da Sardenha, Carlos Alberto, e, automaticamente, contra o Império Austro-Húngaro, apoiando abertamente a guerra (MARTINA, 2005, p. 217). Àquela altura, os italianos já lutavam contra a Áustria em nome de Pio IX, e, nos muros de Milão, eram frequentes os letreiros: "Viva Pio IX!".

No dia 17 de abril de 1848, o núncio apostólico da Áustria, Viale Prelà (1798-1860), escreveu ao papa dizendo que, se houvesse, de sua parte, um apoio aberto à guerra, aconteceria um cisma. No dia 29 do mesmo mês, Pio IX fez uma alocução afirmando que não podia entrar em uma guerra contra católicos e que, como chefe da Igreja, deveria abraçar com o mesmo amor a todas as nações. Com essa declaração, os liberais políticos dos Estados Pontifícios se sentiram traídos e publicaram calúnias de todo gênero contra o papa, começando, inclusive, a questionar a posição dele como líder temporal. O entusiasmo pelo papa liberal se transformou em ódio pelo suposto traidor. Em alguns pequenos territórios, começaram a estourar pequenas revoltas.

Receoso, Pio IX convocou um novo primeiro-ministro, o economista, político e jurista italiano Pelegrino Rossi (1787-1849), para tentar dialogar com os liberais. No entanto, no dia 15 de novembro Pelegrino foi assassinado pelos liberais radicais. Com medo, Pio IX fugiu para Gaeta, na noite de 24 para 25 de novembro de 1848, no intuito de ficar sob a proteção do rei de Nápoles, Fernando II. Aproveitando o ensejo, os liberais radicais tomaram o poder de Roma e, em uma assembleia constituinte no dia 9 de dezembro, fundaram a República Romana, colocando fim, por um pequeno período, ao poder temporal do papa (MARTINA, 2005, p. 219).

Enquanto esteve em Gaeta, o papa pediu ajuda aos católicos das nações europeias. O único que se prontificou a ajudá-lo foi o presidente da França, Luís Napoleão (1808-1873), que enviou seus soldados a Roma, os quais conseguiram expulsar os liberais radicais e retomar o poder, em 2 de julho de 1849. O papa, porém, retornou de Gaeta somente no dia 12 de abril de 1850 e tomou algumas iniciativas no sentido de fazer com que o povo aceitasse seu poder temporal: concedeu autonomia moderada aos municípios, introduziu reformas na administração e na justiça e tentou solucionar problemas na inflação. Problemas antigos, porém, o papa não se esforçou em resolver, como a participação dos leigos nos cargos administrativos e a estagnação econômica (MARTINA, 2005, pp. 221-222).

Paralelamente, o rei do Piemonte e da Sardenha, Carlos Alberto, declarou guerra contra a Áustria e perdeu. Decepcionado, abdicou e se exilou em Portugal, deixando o trono para o filho Vittorio Emanuele II, que foi rei de 1849 a 1861.

A REFORMA DO PAPADO

O rei Vittorio quis seguir a ideia do pai e, em 1859, reiniciou a guerra, tendo-a concluído em 1861, quando, no dia 17 de março, fundou o Reino da Itália, onde reinou até sua morte em 1878. Faltava, ainda, tomar a cidade de Roma. Na verdade, os franceses que haviam ajudado o papa a retomar a cidade de Roma dos liberais radicais acabaram ali se instalando para protegê-lo, dificultando a entrada dos italianos.

Àquela altura, já se formavam círculos favoráveis, mesmo entre o clero, à renúncia do poder temporal, bem como a uma reforma da Igreja – não, porém, isenta de marcas galicanas e democráticas. Sem hesitar, a Santa Sé reprimiu essas iniciativas. O próprio Papa Pio IX, no *Syllabus*, condenou, no item 9, duas proposições: primeiro, a que pregava que, quanto à compatibilidade do reino temporal com o espiritual, existia disputa entre os filhos da Igreja cristã e católica; segundo, a que afirmava que a supressão do principado civil que a Sé Apostólica possuía ajudaria muitíssimo à liberdade e à felicidade da Igreja (PIO IX, 1864).

No dia 19 de julho de 1870, porém – em meio ao Concílio Vaticano I –, a França declarou guerra contra a Prússia (norte da atual Alemanha) e exigiu a presença de seus soldados. Pio IX tinha esperanças, até o início de setembro, de que Roma pudesse ser respeitada pelos italianos – um irrealismo que era comum não só a uma ampla parte da população da cidade como a muitos eclesiásticos romanos, a começar dos mais ilustres professores da Gregoriana, nos quais a fidelidade à Igreja e ao papa era cega (MARTINA, 2005, p. 225).

Contudo, com a saída do exército francês, os italianos ocuparam Roma pela Porta Pia, no dia 20 de setembro de 1870. A ocupação se desenvolveu sem desordem e sem violência. Promoveu-se um plebiscito com a fórmula: "Queremos a nossa união ao Reino da Itália sob o governo do rei Vittorio Emanuele II e dos seus sucessores". No dia 2 de outubro daquele mesmo ano, os romanos, com 40 mil votos favoráveis e apenas 115 contrários, pediram a anexação ao reino da Itália e ratificaram, dessa maneira, o fim do poder temporal dos papas. O papa, que morava em Roma, dirigiu-se à *mura leonina*, uma grande muralha construída pelo Papa Leão IV (847-855) atrás da Basílica de São Pedro, onde se autoproclamou prisioneiro do Vaticano e não reconheceu o reino da Itália (MARTINA, 2005, pp. 224-225).

No dia 13 de maio de 1871, a Lei das Garantias assegurou a inviolabilidade pessoal do papa e deixou-o com o Vaticano e outros edifícios. O pontífice, no entanto, recusou-se a aceitar o acordo, que também não teve a situação jurídica de lei internacional. Pio IX nunca mais saiu do Vaticano e, "com calma e frieza, ele via os acontecimentos como um aspecto da constante batalha avassaladora entre Deus e Satanás, em que a derrota de Satanás era inevitável" (MCBRIEN, 2013, p. 351).

O fim do poder temporal, no juízo unânime de historiadores e de homens da Igreja, foi uma grande vantagem para o papado e para a Igreja, que, libertada das estruturas anacrônicas, agora mais de peso que de ajuda, purificou-se e conquistou maior liberdade (MARTINA, 2005, p. 231).

A REFORMA DO PAPADO

Apesar disso, na sua reclusão forçada, Pio IX nunca mudou de ideia a respeito da questão romana e continuou a reivindicar os direitos da Igreja em relação ao poder temporal. Mesmo naquele contexto, as peregrinações a Roma não deixaram de testemunhar a fé. Foram numerosos, inclusive, os testemunhos de devoção e fidelidade ao papa em 1877, por ocasião dos cinquenta anos de sua ordenação episcopal.

A questão romana permaneceu pendente nos papas que sucederam a Pio IX: Leão XIII (1878-1903), Pio X (1903-1914) e Bento XV (1914-1922). A solução definitiva veio apenas no pontificado de Pio XI (1922-1939), como se verá mais adiante, depois que Benito Mussolini (1883-1945), de modo democrático, subiu ao poder (somente em 1924 que Mussolini deu o golpe e fechou o parlamento, instaurando a ditadura). A assinatura desses Pactos, tão criticados pouco tempo depois, sob a acusação de que Mussolini havia comprado o silêncio do papa diante da ditadura fascista, pôs fim à questão romana.

1.5 Os desdobramentos dos acontecimentos dos séculos XVIII e XIX

Os perigos do tempo exigiram dos papas uma ação vigorosa e decisiva. Já no período da Renascença, a ideia do papado monárquico foi cada vez mais enfatizada e sua influência perdurou de várias maneiras, até o debate sobre a colegialidade no Vaticano II, que não pôs fim, completamente, a esse tipo de mentalidade. Para apoiá-la, invocava-se a tipologia: a Igreja terrestre seria reflexo da celeste, na qual Deus é único e supremo. Por isso, também na Igreja terrestre era preciso existir uma estrutura monárquica que refletisse a realidade celeste (QUINN, 2002, p. 103).

Do ponto de vista da história da Igreja, após 1789-1803 nada continuava a ser como antes. Universalmente, iniciou--se uma nova fase de centralização da Igreja em Roma. De fato, no contexto da ultramontanização, o catolicismo se transformou definitivamente na Igreja confessional católica romana, razão pela qual o século XIX pode ser considerado, ao menos *ad intra*, o século da confessionalização (WOLF, 2017, p. 87).

> Roma tornou-se não apenas o centro sentimental, mas, com a restauração dos Estados Pontifícios, virou cada vez mais também o centro político real da Igreja. Essa realidade ficou comprovada, por exemplo, pela *instalação de nunciaturas permanentes*, pelas quais se pretendia controlar os governos dos Estados e, principalmente, os bispos e as Igrejas locais. No fim do século XVIII, registrara-se nas Igrejas locais certa resistência contra essa estratégia, mas agora a instalação de nunciaturas era pelo menos tolerada, quando não expressamente consentida. Os núncios eram agraciados, geralmente, com o título de arcebispo, que lhes conferia uma posição superior à dos bispos locais (WOLF, 2017, p. 116).

No que diz respeito ao bispo de Roma, parecia que a Revolução Francesa havia contribuído para o declínio do ministério petrino, de modo que seus dias estavam contados. No entanto, o papado soube adquirir caráter simbólico também para as forças antirrevolucionárias finalmente vitoriosas, o que fez com que sua reputação se elevasse a alturas não imaginadas. Só que, em um cenário em que tudo parecia se dessacralizar com a circulação das ideias liberais, os papas assumiram a postura de defensores da fé da Igreja, fechando-se ao diálogo com o mundo e, cada vez mais, compreendendo-se como chefe da *societas perfectas*.

Além disso, o movimento de unificação italiana, já na segunda metade do século XIX, afetou diretamente as relações do papa com a sociedade civil. Na verdade, já no fim da era napoleônica, no Congresso de Viena, discutira-se a questão da restauração dos Estados Pontifícios. Perguntava-se se o papa precisava realmente de um Estado próprio para o exercício de sua missão religiosa como chefe supremo do mundo católico. Fato é que a perda do poder temporal, na medida em que liberou o papa de tantas questões de caráter material, fez crescer sua autoridade e dignidade de Sumo Pontífice, compreendido não mais como chefe de um Estado, mas sim como vigário de Cristo.

Entretanto, as grandes mudanças sociais e culturais na Europa e os ataques contra os Estados Pontifícios, chegando à sua definitiva conquista, fizeram com que, na Igreja, o papa começasse a ser visto como a única fonte de estabilidade e de verdade, chegando mesmo a ser identificado com Cristo. Há o caso do bispo suíço, por exemplo, que, em um sermão no início do Vaticano I, falava da "encarnação do Filho de Deus no ancião do Vaticano" (QUINN, 2002, p. 49). A questão é que, se a extrema exaltação do magistério papal chegou mesmo a dizer que no papa há uma espécie de encarnação do Cristo, era o mesmo que dizer que havia quase duas "presenças reais": a presença do Cristo silencioso e escondido na Eucaristia, e a presença do Cristo, mestre visível no papa. Ainda que não tenha conseguido uma aceitação significativa, esse ponto de vista teve uma influência silenciosa em vários níveis (QUINN, 2002, p. 83).

De fato, até aquele momento, o motivo tradicional de peregrinação a Roma era a oração nos túmulos dos apóstolos Pedro e Paulo. Agora, um motivo para ir a Roma era ver o papa, e assim se começou a dar prioridade à "devoção ao papa". Por sua vez, o desenvolvimento dessa devoção, a partir do século XIX, criou uma barreira psicológica que "impedia", quem quer que fosse, de se expressar em termos críticos sobre as políticas, declarações ou ações pontifícias. Por exemplo, existem divergentes pontos de vista quanto aos procedimentos relativos à avaliação, ao questionamento e à condenação dos escritos dos teólogos, como também sobre a maneira de Roma tratar as conferências episcopais ou nomear os bispos. Ora, se essas são decisões de ordem administrativa ou política, não existe nenhum princípio de fé ou de razão que proíba a diversidade de opiniões. No entanto, por parte de muitos católicos, especialmente de bispos, existe uma relutância em dizer algo de negativo, com medo de pecar contra a reverência devida à função papal. Logo, a veneração pelo papa tornou-se um fator que reforça as críticas à Igreja (QUINN, 2002, pp. 51-52).

Fato é, portanto, que a partir de Pio IX acentuou-se o processo centralizador, e a eclesiologia mais difundida, ou ao menos mais autorizada, sublinhava cada vez mais o papel e as prerrogativas do romano pontífice, ou seja, o "papa é considerado como a fonte das prerrogativas da Igreja,

A REFORMA DO PAPADO

como a autoridade da qual procedem de modo indiscutível todas as decisões" (MARTINA, 2005, p. 117). Ao mesmo tempo, porém, constatava-se um forte sentido de pertença à Igreja universal: o cristão não mais se sentia desta ou daquela nação, mas do papa; todos lhe mostravam uma solidariedade antes impensada, cujo centro de gravidade era justamente Roma, de onde também se buscava força para sempre prosseguir.

Isso também se deve ao fato de a ideologia da cristandade ter sido como que o sulco profundo que atravessou toda a vida da Igreja nos séculos XIX e XX, permitindo a leitura dos acontecimentos desse período em uma perspectiva unitária (ZAGHENI, 1999, p. 86). O que se percebia era a Igreja, apesar de todos os limites, procurando se apresentar no horizonte da humanidade com uma mensagem de esperança.

Em todo aquele contexto, porém, de séria polarização, ainda quando o poder temporal do papa era constantemente ameaçado e, ao mesmo tempo, reforçado, começou-se uma discussão acerca da proclamação do dogma da infalibilidade papal, que, em uma análise primeira, visava reforçar a autoridade do bispo de Roma. É sobre esse contexto que, agora, se dedicará, estabelecendo, sobretudo, um olhar crítico à definição.

CAPÍTULO 2
O CONCÍLIO VATICANO I
E AS DEFINIÇÕES DO
PRIMADO DE JURISDIÇÃO E
DA INFALIBILIDADE PAPAL

Espero fazer o que a boa história sempre faz:
expandir os nossos horizontes,
permitir que vejamos que nem sempre foi assim.
(John W. O'Malley, SJ)

Este capítulo pretende fazer uma exposição sistemática dos antecedentes históricos e das razões pelas quais o Papa Pio IX sentiu-se impelido a convocar um Concílio, cuja abertura aconteceu em 1869.[1] Foi durante este Concílio que

---

[1] Embora o Concílio tenha acontecido paulatinamente à chamada questão romana, com a qual se encerrou o capítulo anterior, preferiu-se trabalhar separadamente o Concílio na tentativa de lhe dirigir mais atenção.

o primado de jurisdição e a infalibilidade papal foram proclamados como dogma de fé, revelados pelo próprio Deus, na Constituição Dogmática *Pastor Aeternus*, de 18 de julho de 1870. Por essa razão, também se fará uma análise dos fundamentos do presente documento, na tentativa de verificar se o embasamento bíblico e histórico-eclesial são suficientes para pensar no bispo de Roma como chefe da Igreja e, como tal, com o primado de jurisdição e a infalibilidade, quando fala *ex catedra*.

2.1 Os antecedentes do Concílio

A primeira vez em que, naquele contexto, se levantou a hipótese de se celebrar um Concílio foi em 1849, quando o cardeal Luigi Lambruschini (1776-1854), depois de passados somente três anos da eleição de Pio IX, lhe disse:

> Acho que Vossa Santidade deveria, com o tempo (o tempo poderia ser distante), reunir um concílio geral para condenar os erros modernos, reavivar a fé do povo cristão, restaurar e reforçar a disciplina eclesiástica que, em nossos dias, se tornou tão fraca. Visto que os males são tão gerais um remédio geral deve ser aplicado (LAMBRUSCHINI apud O'MALLEY, 2018, p. 10, tradução nossa).

De alguma forma, parece que o Papa Pio IX não descartara a possibilidade. Quando da publicação do *Syllabus*, no dia 8 de dezembro de 1864, a ideia de um Concílio começou a ganhar consistência. Já no dia 6, em uma sessão ordinária da Congregação dos Ritos, Pio IX, após mandar sair os que

A REFORMA DO PAPADO

não eram cardeais, perguntou aos presentes sobre a oportunidade de convocar um Concílio ecumênico (MARTINA, 2005, p. 256). A mesma pergunta foi estendida, depois, aos membros do Sacro Colégio. À época, o cardeal Francesco Pentini (1797-1869), único a ser contrário ao Concílio, dissera que o episcopado permanecia unânime em sua vontade de condenar os erros da modernidade, e ainda não havia divergências sobre pontos de fé (SOUZA; GONÇALVES, 2013, p. 66).

De fato, a motivação para o Concílio vinha de preocupações eclesiológicas, tais como a saudade de uma "cristandade" que fosse protetora da fé e da Igreja; conflitos doutrinários que dividiam os teólogos, polarizados, de um lado, na escola romana e, de outro, na escola germânica; e o galicanismo eclesiológico, que ainda era bastante temido. Esses problemas, por sua vez, tinham um denominador comum: a ameaça constituída pelo cristianismo da "moderna civilização", segundo o pontífice romano (ALBERIGO, 1995, pp. 367-368).

No entanto, havia questões internas que colocavam em dúvida se o momento histórico seria o mais adequado. Algumas décadas depois da conclusão de Trento, o prestígio papal havia se tornado enorme, se comparado aos anos anteriores. No século XIX, todavia, o papado estava em um declínio constante, graças também a um crescente nacionalismo aliado a tendências anticlericais e racionalistas do iluminismo continental. Só que, em seu socorro, o movimento ultramontano acreditava que o papado era a única fonte de estabilidade no caos político e social. De fato, os ultramontanistas minuciosos viam a autoridade papal em termos extremamente exagerados, parecendo querer abolir, e não só menorizar, a autoridade episcopal e a sinodal (O'MALLEY, 2020, pp. 55-56). Coube a Pio IX "presidir" essa controvérsia ultramontanista-galicana. Apesar de, ao menos em princípio, parecer estar acima do conflito, o papa mais do que depressa apoiou os ultramontanistas, e de modo cada vez mais ardente e incondicional, o que, de certa forma, fez com que ele fechasse os olhos para o contexto histórico do momento.

Ainda assim, como as dúvidas persistiam sobre a oportunidade de convocar um Concílio naquele momento, seja pelas condições gerais da Europa e as particulares do poder temporal do papa, seja pelo temor por parte da Cúria de um golpe contra seu prestígio, Pio IX determinou que os cardeais que trabalhavam na Cúria romana fossem interpelados sobre a convocação ou não de um Concílio. As respostas ajudaram o papa a encontrar estímulo, visto que vieram favoráveis de pelo menos 15 dos 21 cardeais interrogados. A falta de unanimidade já demonstrava as resistências que havia no ambiente curial quanto à convocação de uma assembleia conciliar (ALBERIGO, 1995, p. 368).

O papa, porém, sentiu-se estimulado a realizar o projeto e, em março de 1865, formou uma comissão cardinalícia com o objetivo de preparar o futuro Concílio. Já em sua primeira reunião, a Comissão percebeu que seria necessário constituir comissões auxiliares. Isso porque, na primavera seguinte, aconteceu uma cautelosa consulta a um restrito grupo de membros do episcopado (36 sobre um total de mil bispos, ou seja, nem 4%), sobre os assuntos que o Concílio deveria tratar (ALBERIGO, 1995, p. 368).

O cardeal Bizzarri (1802-1877) propôs que fossem constituídas comissões para cada matéria a ser tratada no Concílio. A Comissão Central aprovou a ideia e foram constituídas cinco Comissões Preparatórias, presididas por cardeais que eram membros da Comissão Central. O fato de se confiar a preparação do Concílio a organismos romanos criados *ad hoc* era uma novidade na história dos concílios: "Isso era o resultado das novas condições das comunicações, o que fazia prever uma participação muito mais numerosa do que a dos concílios anteriores, mas também da preocupação de não correr o risco de uma assembleia difícil como a de Trento" (ALBERIGO, 1995, p. 368).

Tendo assim se decidido, todos os bispos foram convidados a Roma para participar da festa de São Pedro e São Paulo, durante a qual, no dia 29 de junho de 1867, o papa anunciou oficialmente o desejo de convocar em Roma um Concílio ecumênico. Para o secretário de Estado, Giacomo Antonelli (1806-1876), o acontecimento poderia provocar dificuldades para a Santa Sé, devido à situação política daquele momento. O cardeal Giovanni Batista Pitra (1871-1940), da Cúria romana, confessava abertamente seu temor: um Concílio diminuiria a importância do clero romano na Igreja. Outros, alegando a inutilidade do Concílio, diziam: "Não temos o papa? O papa não tem o poder de decidir todas as questões? Para que um Concílio?" (SOUZA; GONÇALVES, 2013, p. 67).

O anúncio de Pio IX, de um lado, suscitou preocupações, especialmente nos círculos políticos, visto que se pensou no Concílio como sendo a oportunidade para se reafirmar a reivindicação papal de poder temporal e, mais genericamente, de relações privilegiadas com os Estados. De outro lado, porém, os ambientes teológicos começaram a fervilhar com a possibilidade de poder obter, do Concílio, o aval para suas respectivas (em geral, contraditórias) teses doutrinárias (ALBERIGO, 1995, pp. 368-369).

Fato é que as Comissões Preparatórias, com a Comissão Central, tinham a função de coordenar os trabalhos. As Comissões Preparatórias eram cinco, das quais, Souza e Gonçalves (2013, p. 68) destacam um aspecto de trabalho: 1) na *doutrinária*, atuavam os jesuítas, mediante a participação dos professores do colégio romano; 2) na *disciplina eclesiástica*, não se compreendia que a sociedade havia mudado; 3) nas *ordens religiosas*, via-se claramente a necessidade de uma reforma; 4) nas *missões e Igrejas orientais*, havia uma clara tendência latina, ou seja, o desejo de querer reduzir as igrejas orientais à latina, unificando a disciplina; e 5) nas *questões político-eclesiásticas*, dedicava-se, sobretudo, à questão da nomeação dos bispos feita pelo Estado.

No início, os consultores eram funcionários da Cúria e docentes das universidades romanas. Para agilizar o trabalho, 60 consultores deveriam ser escolhidos (moradores de Roma) e 36 deveriam ser chamados do exterior. A escolha se tornou um problema: primeiro, porque era unilateral, escolhendo-se somente quem era fiel às posições romanas e excluindo todos os teólogos alemães, o que provocou protesto de diversos bispos; segundo, porque os núncios ficaram encarregados de convidar os estudiosos do exterior, mas nem

A REFORMA DO PAPADO

sempre a escolha foi a mais inteligente; terceiro, porque foram escolhidos somente ultramontanos, cuja competência era, em alguns casos, relativa. A preparação seguia seu curso com determinado teor secreto, descontentando alguns ambientes. "Nesse ponto, pode-se constatar uma tentativa da Cúria de realizar um Concílio antes do Concílio" (SOUZA; GONÇALVES, 2013, pp. 67-68).

Enquanto se desenvolvia essa fase preparatória, na primavera de 1868 foi redigido o ato oficial de convocação, publicado no dia 29 de junho de 1868, intitulado *Aeterni Patris*. Nessa fase, surgiu a dúvida se se deveria ou não convidar a intervir no Concílio: os bispos titulares (sem diocese), cujo número era bastante elevado; os chefes dos Estados católicos, como fora feita à época do Concílio de Trento; e os cristãos não católicos. Depois de um aprofundado debate, os bispos titulares foram admitidos, mas se decidiu não convidar autoridade política nenhuma, dada a secularização que acontecera nas sociedades. Quanto aos não católicos, Pio IX dirigiu aos ortodoxos um apelo a que voltassem ao seio da Igreja católica e pudessem, assim, participar do Concílio; mais genericamente, fez também um apelo aos protestantes e aos crentes de outras religiões (ALBERIGO, 1995, pp. 369-370). Os bispos orientais acolheram a carta do papa com um silêncio ensurdecedor e lamentaram que a carta dirigida a eles tivesse sido divulgada primeiro pela imprensa. Os protestantes, por sua vez, consideraram a carta uma provocação. Os luteranos e alguns anglicanos ainda aceitaram o convite do papa. Isso evidenciava "a pouca habilidade da parte de Roma ao tratar de assuntos tão delicados" (SOUZA; GONÇALVES, 2013, p. 72).

No dia 2 de dezembro de 1869, já na véspera da abertura da assembleia, foi celebrada na capela Sistina uma assembleia pré-sinodal, durante a qual foi distribuído o regulamento oficial do Concílio, obra em grande parte do historiador dos concílios, Hefele (1809-1893).

> [...] Diferentemente do que ocorrera em Trento, onde os próprios padres tinham formulado livremente a organização dos trabalhos, no Vaticano I ela foi imposta do alto, pela autoridade do Santo Padre. As normas tinham especialmente em vista: facilitar um rápido desenvolvimento dos trabalhos, sem perder tempo em discussões sobre o procedimento a seguir, sobre as precedências e sobre outras questões semelhantes, que várias vezes tinham aparecido em Trento. Previa-se, aliás, que os padres se limitariam a um breve exame dos textos propostos e que não deveria haver longas discussões e votos negativos; não se fazia menção, por isso, de grupos de trabalho fora das assembleias e das comissões oficiais, e se limitava extraordinariamente a iniciativa dos membros em particular. O direito de propor ao Concílio as questões a ser discutidas era reservado ao papa; ou seja, evitando toda exposição geral a um dado problema, seria logo submetido aos padres um esquema de decreto. Os padres só podiam apresentar seus postulados a uma comissão especial, chamada exatamente *de postulatis*, nomeada pelo papa, em vez de ser nomeada pelos participantes: a comissão deveria examinar os votos e referi-los ao Pontífice (MARTINA, 2005, pp. 258-259).

O regulamento era indispensável ao bom funcionamento de uma assembleia moderna e numerosa, mas era também um instrumento de controle dos seus trabalhos. A preparação ocorrera no mais rigoroso segredo e sem nenhuma participação dos membros do próprio Concílio. Nesse

A REFORMA DO PAPADO

cenário se entende a observação do superior-geral dos redentoristas: "Em Roma se prepara tudo tão bem que aos padres só caberá votar" (ALBERIGO, 1995, p. 371).

2.1.1 A pauta da infalibilidade do papa

A campanha pela infalibilidade começara em 1819, com o texto *Du Pape*, de Joseph-Marie De Maistre (1753-1821), segundo o qual o bem-estar da sociedade humana, tão gravemente ameaçado pela Revolução Francesa, exigia uma autoridade cujas decisões não estivessem abertas à discussão ou revisão. Nesse sentido, só um papado infalível cumpriria esse requisito e poderia salvar a sociedade do mundo moderno (O'MALLEY, 2020, p. 110).

Só que nem no anúncio do Concílio, em junho de 1867, nem na bula convocatória *Aeterni Patris*, de junho de 1868, o tema da "infalibilidade" fora mencionado explicitamente. No entanto, no dia 6 fevereiro de 1869, o importante periódico dos jesuítas italianos, *La Civiltà Cattolica*, publicou um artigo intitulado *Corrispondenza dalla Francia*, com a explícita aprovação do papa, o qual se referia com benevolência à opinião de alguns católicos franceses que esperavam não só uma aprovação em forma positiva e desenvolvida das doutrinas exposta no *Syllabus*, de modo negativo e sintético, como também a definição da infalibilidade do papa por aclamação (MARTINA, 2005, p. 259).

No entanto, uma definição por aclamação, como propunha *La Civiltà Cattolica*, incorria em perigos graves, porque tiraria a possibilidade de esclarecer o alcance e o significado exato dos termos; mesmo porque, havia também os extremistas, pelos quais Pio IX nutria alguma simpatia e para os quais o papa era infalível em *todos* os seus atos, sem separar o magistério ordinário e solene do infalível.

De outro lado, havia os que consideravam o dogma teologicamente inadmissível. Isso se deve, em primeiro lugar, ao fato de que nem todos tinham uma ideia clara sobre a evolução do dogma, em geral, razão pela qual eram contrários a qualquer nova definição, especialmente se não se encontrassem nas Escrituras, de modo explícito, os termos através dos quais o novo dogma estava sendo formulado. Em segundo lugar, havia também aqueles que se utilizavam do argumento histórico, afirmando que papas já haviam se equivocado, e citavam especialmente dois: Libério (352-366), que, pressionado e exilado, aceitou omitir do Símbolo de Fé a afirmação de que Jesus era "consubstancial ao Pai", na controvérsia ariana no século IV; e Honório (625-638), que, na controvérsia monolelítica do século VII, acreditava que o ato de querer de Cristo era determinado mais pela vontade divina do que pela humana. Por último, ainda existiam os últimos sucessores do galicanismo eclesiológico que, presos aos artigos de 1682, só admitiam a infalibilidade pontifícia com o consenso universal da Igreja (MARTINA, 2005, pp. 260-261).

> [...] Se para alguns bispos a verdadeira preocupação era a de não separar o pontífice do resto da Igreja, a cabeça do corpo, outros temiam sobretudo que uma definição da infalibilidade pessoal do papa fosse um atentado aos direitos dos bispos, reduzidos à posição totalmente inferior diante do pastor supremo; alguns exprimiam de modo vivo essa dificuldade, observando que os

A REFORMA DO PAPADO

bispos, tendo chegado a Roma como príncipes da Igreja, haveriam de voltar reduzidos a simples funcionários de um monarca absoluto de tipo oriental (MARTINA, 2005, p. 261).

Poucas semanas depois da publicação da *La Civiltà Cattolica*, Ignaz Von Döllinger (1799-1890), que havia passado por uma evolução em sentido antirromano, publicou em um periódico de Augsburgo, sob o pseudônimo de Janus, cinco artigos sobre *O papa e o Concílio*, depois reunidos em um livro. Nesse texto, Döllinger, em primeiro lugar, atacava as teses extremistas de Louis Veuillot (1813-1883), ícone e referência dos ultramontanistas, que teve influência direta na assembleia conciliar e, àquela altura, começou a falar do papa em termos que se aproximaram de uma blasfêmia (O'MALLEY, 2018, p. 87). Em uma paráfrase da sequência da missa de Pentecostes, *Vinde, Santo Espírito!*, por exemplo, ele substituiu o Espírito Santo por Pio IX:

Sobre Pio IX, Pontífice Rei,	Vinde, Santo Espírito!
Pai dos pobres,	Vinde, Pai dos pobres!
Doador dos presentes,	Vinde, doador dos dons!
Luz dos corações,	Ó luz beatíssima,
envia teu feixe,	preenche o coração
de luz celestial	dos teus fiéis.

No dia 8 de outubro de 1869, Veuillot fez outra afirmação chocante: "Assim como o Pai gera o Filho e de ambos vem o Espírito Santo, assim o papa gera os bispos e também deles vem o Espírito Santo, na Igreja" (O'MALLEY, 2018, p. 87). Naturalmente que tudo isso serviu ainda mais de argumento para que Döllinger atacasse não o primado de jurisdição do papa, reconhecido explicitamente na introdução de seu texto como de origem divina, mas sim o modo concreto de como esse primado foi se desenvolvendo. Para ele, a autoridade pontifícia, naquela forma, seria fruto de usurpações cometidas na Idade Média.

> O primado é de instituição divina [...]; do nono século em diante foi se dando a transformação do primado em papado, transformação mais artificial e doentia que sadia e natural, transformação que é mais uma mutação do que um desenvolvimento [...] a presidência se tornou império, [...] surgiu a tirania de um monarca absoluto (VON DÖLLINGER apud MARTINA, 2005, p. 261).

Soma-se a isso o fato de que, já bem perto da abertura do Concílio, em novembro de 1869, dom Dupanloup, um dos maiores adversários do dogma, cometeu o "erro decisivo" (WOLF, 2017, p. 154): redigiu uma espécie de brochura intitulada *Observações a respeito da controvérsia em torno da definição da infalibilidade do papa no próximo Concílio*, enviando-a a todos os padres conciliares. Dupanloup defendia que a definição não era necessária, uma vez que, por dezoito séculos, havia sido suficiente a infalibilidade da Igreja em geral. Além disso, lembrava que em Trento a definição tinha sido omitida para não provocar graves dissensões no episcopado, e ressaltava que, ao dogma proposto, se opunham graves dificuldades teológicas e históricas. No entanto, o opúsculo não atingiu o efeito esperado e acabou

A REFORMA DO PAPADO

contribuindo para tornar mais ardente a discussão e, de certa forma, fazer com que as intervenções de Dupanloup, no Concílio, fossem menos eficazes (MARTINA, 2005, p. 263).

No fim e ao cabo, a teologia havia iniciado um caminho na direção de uma discussão acerca da infalibilidade papal. Pio IX, apesar de ter visto com empolgação o movimento, jamais interferiu a ponto de se afirmar que a discussão teria emergido por influência dele. De igual modo, também não seria correto afirmar que ele impôs o novo dogma por vontade própria a uma Igreja indecisa (MARTINA, 2005, p. 263).

2.2 O desenrolar das discussões sobre a infalibilidade

O Concílio se iniciou no dia 8 de dezembro de 1869, festa da Imaculada Conceição, na Basílica de São Pedro e sob a presidência do próprio papa. Para a assembleia conciliar propunha-se, além da condenação dos erros modernos, a definição da doutrina sobre a Igreja. No entanto, o que efetivamente aconteceu nas três grandes sessões foi a aprovação de duas Constituições: *Dei Filius* e *Pastor Aeternus*.

Nesse Concílio, especificamente, havia uma variedade geográfica nunca assistida:[2] de cerca de mil bispos, 700

---

[2] Há divergências entre os autores quanto ao número exato de participantes. Alberigo (1995, pp. 371-372) fala de 744 bispos ao todo, sendo que 121 eram da América, 41 da Ásia, 18 da Oceania e 9 da África. Zagheni (1999, p. 151) menciona 700 no total, sendo 245 extraeuropeus, 200 italianos e 120 de língua inglesa. Aqui seguiu-se a posição de Martina (2005, p. 264).

estavam presentes; destes, 150 das nações de língua inglesa, 30 da América Latina, 40 dos países alemães, 50 do Oriente e 200 da Itália. O episcopado italiano constituía um terço de todo o episcopado. A assembleia se dividiu em dois grupos: a maioria infalibilista e a minoria anti-infalibilista. A ala infalibilista era composta de italianos (exceto um grupo de Lombardia-Vêneto e o abade de Montecassino), espanhóis, franceses e bispos da América Latina. Os anti-infalibilistas eram 150, constituídos por bispos alemães, húngaros e austríacos; vários bispos franceses; alguns americanos e os patriarcas orientais. Havia ainda um terceiro partido, mas com pouca influência, no qual se colocavam os vigários apostólicos, que eram cerca de 70, considerados, porém, "massa de manobra", a ponto de terminarem, em sua maioria, entre os infalibilistas (ZAGHENI, 1999, pp. 151-152).

Mal o Concílio havia começado, os adeptos da infalibilidade, para a eleição da deputação decisiva que trataria das questões dogmáticas, elaboraram uma lista internacional na qual não havia um único adversário da infalibilidade. Como, no entanto, ficou claro que pelo menos um quinto da assembleia não aprovaria a definição da infalibilidade papal e o regimento interno previsse até então que, em questões de fé, deveria haver unanimidade moral, tomou-se a precaução de mudar o regimento: para todas as decisões, passou a ser suficiente a maioria simples (WOLF, 2017, pp. 154-155). A questão é que o princípio da unanimidade moral, que implicava uma concepção teológica bem precisa, era uma tradição de muitos concílios.

A REFORMA DO PAPADO

Pio IX e seu primeiro-ministro, Antonelli (1806-1876), teriam desejado que houvesse algum representante da minoria anti-infalibilista nas comissões, mas um dos principais representantes da ala infalibilista, Manning (1808-1892), que inclusive pensava na definição em sentido amplíssimo, apressou-se a trabalhar na assembleia conciliar e nos corredores, assim como na cúria generalícia dos jesuítas e na redação da *Civiltà Cattolica*. Nesse cenário, a minoria ficou totalmente excluída e a fala era: "Os heréticos não devem ser ouvidos, mas condenados" (MARTINA, 2005, p. 264).

Apesar de desde o início a pauta da infalibilidade ter agitado o Concílio, a Cúria não pretendia propor a questão e esperava que outros o fizessem. Não demorou muito para que Manning e Senestrey começassem a colher assinaturas para um postulado, no qual se pedia que o Concílio tratasse da questão. Um mês depois, 450 bispos tinham dado sua adesão. Os adversários não ficaram quietos e, concomitantemente, 150 bispos assinaram vários postulados anti-infalibilistas, provando que um quinto da assembleia era contrário à definição. Houve tentativas para chegar a um compromisso, mas as duas partes permaneceram convictas em suas posições (MARTINA, 2005, p. 267).

No entanto, no dia 21 de janeiro os padres receberam o texto do esquema doutrinário sobre a Igreja, que estava articulado em um proêmio e 15 capítulos, aos quais se seguiam 21 cânones.

A proposição de abertura afirmava que "a Igreja é o Corpo de Cristo", e passava em seguida às teses mais comuns da eclesiologia pós-tridentina: que o cristianismo não pode ser praticado a não ser na Igreja (cap. II), que a Igreja é uma "sociedade verdadeira, perfeita, espiritual e sobrenatural" (cap. III), que é uma "sociedade visível" (cap. IV) e "uma" (cap. V), que fora da Igreja não há salvação (caps. VI-VII), que a Igreja é "indefectível" (cap. VIII) e "infalível" (cap. IX). O cap. X era dedicado ao "poder da Igreja" e abria a parte mais difícil do esquema, que continuava com o "primado do pontífice romano" (cap. XI), com "a soberania temporal da Santa Sé" (cap. XII), com "a concórdia entre a Igreja e a sociedade civil" (cap. XIII), "o direito e o uso do poder civil segundo a doutrina da Igreja católica" (cap. XIV) e, enfim, "os direitos especiais da Igreja em relação à sociedade civil" (cap. XV) (ALBERIGO, 1995, p. 375).

O texto espelhava o estado da teologia romana sobre a Igreja, mas deixava de abordar significativamente dois temas: o episcopado e a infalibilidade do papa. Essa omissão, porém, não era em vão: em grande parte, era determinada pelo desejo de que fossem os próprios bispos a tomar a iniciativa da sanção da infalibilidade (ALBERIGO, 1995, p. 377, nota 20).

No início de fevereiro, a maioria dos padres conciliares tinha se demonstrado favorável à discussão acerca da infalibilidade. Pio IX anunciou somente no dia 1º de março a decisão de que o Concílio enfrentasse a questão que, tão de perto, dizia respeito a ele. Como, porém, no esquema sobre a Igreja faltava a referência à infalibilidade, redigiu-se às pressas um apêndice que se acrescentou ao capítulo XI do esquema. O texto tematizava a "prerrogativa de inerrância ou infalibilidade do pontífice romano", esclarecendo que o objeto dessa infalibilidade seria "aquilo que a Igreja universal deve aceitar em matéria de fé e de costumes". O projeto era genérico, no que diz respeito às modalidades do exercício da infalibilidade, prevendo apenas que esta ocorreria quando o papa "definisse com a autoridade de supremo doutor dos cristãos" (ALBERIGO, 1995, p. 377).

Ainda assim, houve um completo silêncio no que tangia aos bispos. O objetivo era chegar a uma definitiva sistematização doutrinária das prerrogativas do bispo de Roma, assegurando-lhe defesa contra o galicanismo. Por isso, preferiu-se isolá-lo, de modo a ressaltar ainda mais e melhor os seus direitos e romper qualquer ideia de que o papa estava condicionado aos demais bispos. Quanto ao primado, a minoria se dedicou à qualificação da jurisdição do papa como "ordinária e imediata sobre as Igrejas", dado que "ordinário" poderia ser entendido como "habitual" e, como tal, eximiria os bispos de suas responsabilidades. Ainda que com o esquema, muitos continuavam a insistir na importunidade da definição que, àquela altura, não só não contava com a unanimidade como também poderia dividir ainda mais os católicos (ALBERIGO, 1995, pp. 377-378).

Enquanto o esquema *De Ecclesia Christi* era analisado, a Constituição Dogmática *Dei Filius* foi solenemente aprovada no dia 24 de abril, com 667 *placet*, sem abstenções nem votos contrários. Estando presente à sessão, Pio IX tratou de aprová-la imediatamente. Essa aprovação foi importante no que diz respeito ao debate do esquema sobre a Igreja, porque os padres, vendo a lentidão nas discussões, constataram que, pelo fato de ser o capítulo XI do esquema, o tema da infalibilidade deveria ser discutido somente na primavera de 1871. Como, porém, se estava anunciando o início da guerra franco-alemã e se esperava a retirada das tropas francesas que estavam protegendo os Estados Pontifícios e, em consequência disso, a ocupação de Roma pelas tropas italianas, passou a ser iminente o risco de uma interrupção forçada do Concílio. Dessa maneira, os adeptos da infalibilidade fizeram de tudo para tratar com prioridade da questão da infalibilidade (WOLF, 2017, p. 155).

Apesar desses postulados terem se multiplicado no mês de abril, não faltaram iniciativas em sentido contrário, promovidas, inclusive, por bispos conhecidos pela sua fidelidade ao papa. Mesmo assim, Pio IX deu a ordem, ao final do mês, para iniciar o exame a partir do tão discutido capítulo XI. Para evitar os inconvenientes próprios dessa inversão, o capítulo foi transformado em uma constituição sobre a instituição do primado e a infalibilidade do papa, dividida em quatro capítulos (MARTINA, 2005, pp. 268-270), cujas discussões se iniciaram no dia 13 de maio. Esse passo quase retirou o papa da eclesiologia como um todo, colocando-o *fora* – que muitos atenderam como *acima*.

O primeiro esquema foi discutido durante quatorze sessões, até 2 de junho, quando foi submetida à votação a proposta de encerramento do debate geral, imediatamente aprovada – o que, à minoria, pareceu um ato de verdadeira violência. O mês de junho foi dedicado ao exame de cada uma das partes: o preâmbulo e os dois primeiros capítulos foram repassados em apenas duas sessões; o capítulo sobre o primado exigiu cinco; o da infalibilidade ocupou quase toda a segunda metade de junho e os dois

A REFORMA DO PAPADO

primeiros dias de julho. O debate sobre a jurisdição primacial do papa se concentrou nos adjetivos que a qualificavam como episcopal, ordinária e imediata. Quando, no dia 15 de junho, se começou a discussão do capítulo IV, já se sabia que não seria possível aprovar a constituição na festa dos apóstolos São Pedro e São Paulo (29 de junho), como se pretendia. A essa altura, porém, temia-se que os bispos menos acostumados ao tempo quente pudessem deixar a cidade, o que ajudava a elevar o clima de nervosismo e de tensão entre os padres. Por isso, não eram poucos os que pretendiam, logo, encontrar um ponto de convergência que permitisse evitar uma divisão ainda mais grave (ALBERIGO, 1995, p. 383).

No dia 18 de junho, a intervenção do cardeal dominicano Guidi (1828-1896), preparada cuidadosamente com a ajuda de alguns confrades, provocou o entusiasmo da minoria e a forte indignação de Pio IX. Na realidade, o cardeal propunha a fórmula segundo a qual o papa era infalível somente *utens consilio et requirens adiutorium aniversae Ecclesia*, ou seja, com o consenso da Igreja. Nessa mesma noite, Pio IX repreendeu severamente Guidi, chegando a exclamar: "Eu sou a tradição; eu, eu sou a Igreja" (MARTINA, 2005, p. 273).

No dia 13 de julho, votou-se o esquema todo: aproximadamente 50 padres não participaram da sessão e, dos 601 presentes, 88 deram voto negativo (*non placet*) e 62 aprovaram com a reserva explícita *juxta modum*, o que significava, em soma, um quarto da assembleia ainda se mostrando contrária à definição.

Pio IX, já bastante intransigente àquela altura e nada satisfeito com a condução do cardeal Bilio (1826-1884), presidente da comissão da fé, enviou-lhe uma carta com palavras secas: "Que o cardeal Bilio leia as observações anexas e as ponha em prática. Esteja certo o cardeal de que em nosso caso é mais do que nunca verdadeira aquela sentença: *Ubi non est auditus, ne effundas sermones* – Onde não há escuta, não gaste sermões". Bilio leu e obedeceu: no texto introduziu o inciso *non autem ex consensu Ecclesiae* – não em virtude do consenso da Igreja. Estas palavras queriam afirmar que a infalibilidade não derivava do consenso dos bispos, mas do próprio saber do papa, e excluíam a necessidade jurídica absoluta do episcopado antes da definição (MARTINA, 2005, p. 274).

Em resposta, uma comissão de cinco bispos anti-infalibilistas procurou o papa para lhe pedir a supressão dessas palavras. Pio IX os recebeu com benevolência, mas se mostrou reticente e evasivo. Às cartas enviadas por Dom Dupanloup, nos dias 16 e 17 de julho, Pio IX escreveu, no verso: "cabeças transtornadas pelo orgulho". No mesmo dia 16, as palavras *ex sese, non ex consensu Ecclesiae* – por si, não pelo consenso da Igreja –, foram aprovadas. No dia seguinte, vigília da votação definitiva que se realizaria na presença do papa, a minoria, depois de longa discussão, decidiu não tomar parte na sessão e partir imediatamente de Roma. Uma carta, assinada por 55 bispos, comunicou a Pio IX a decisão (MARTINA, 2005, pp. 274-275).

O voto solene ocorreu a 18 de julho, durante um terrível furacão e no meio das mais densas trevas que, de repente,

A REFORMA DO PAPADO

se abateram sobre a basílica – um fato que os opositores da definição viram como um sinal do céu (ZAGHENI, 1999, p. 161). Havia 535 votantes, com apenas dois votos contrários, que logo aderiram à posição da maioria. Pio IX sancionou imediatamente o decreto e, em meio a uma grande escuridão, cantou-se o *Te deum*. "Depois da confirmação do pontífice, os bispos começaram a aplaudir e, em seguida, o exemplo foi seguido por todos os fiéis presentes em São Pedro, que começaram a gritar: 'Viva o papa infalível'" (ARRIGONI apud ZAGHENI, 1999, p. 161, nota 43). No dia 18 de julho de 1870, portanto, às 16h, foi proclamada a Constituição Dogmática *Pastor Aeternus*.

O Concílio havia apenas começado: ainda restavam 48 esquemas, dos quais 28 de natureza disciplinar. Todavia, a maioria deles nem tinha sido distribuída aos padres conciliares. Os acontecimentos políticos, já previsíveis (guerra franco-prussiana), precipitaram a decisão em sentido contrário: no dia 20 de setembro, deu-se a tomada de Roma por parte das tropas italianas e, um mês depois, no dia 20 de outubro, o Concílio foi prorrogado *sine die*.

A adesão dos padres que não tinham presenciado a sessão do dia 18 de julho, por protesto ou outros motivos, foi progressiva. Rápida, porém, foi a submissão do episcopado francês, e lenta a dos episcopados alemão e austro-húngaro. Alguns grupos na Alemanha realizaram um Congresso em Munique, em setembro de 1871, e se reportaram à profissão de fé de Pio V, eliminando as prerrogativas pontifícias e acentuando o papel dos leigos na Igreja, o que desencadeou uma Igreja cismática, os chamados "Velhos Católicos".

Naquele mesmo ano, Döllinger foi excomungado por não se submeter às decisões do Concílio. Antonelli, o primeiro--ministro, ainda tentou observar que a definição não trazia uma nova verdade, mas tão somente mostrava, de modo mais solene e explícito, o que já estivera sempre incluso no depósito da revelação. Palavras jogadas ao vento.

2.2.1 A Constituição Dogmática Pastor Aeternus

A constituição aprovada – que se intitulava "primeira constituição dogmática sobre a Igreja de Cristo" – abre-se com um proêmio e se divide em quatro capítulos: a instituição do primado apostólico de S. Pedro (cap. I); a perpetuidade do primado de S. Pedro nos Romanos Pontífices (cap. II); a natureza e o caráter do primado do Pontífice Romano (cap. III); e o magistério infalível do Romano Pontífice (cap. IV). O intuito, agora, é analisar os fundamentos da Constituição, para verificar seus limites.

2.2.1.1 Os limites bíblicos

O proêmio da Constituição evoca a instituição da Igreja por Cristo, a missão dos apóstolos e a função de Pedro como "princípio perpétuo e fundamento visível" da unidade da Igreja. Acrescenta, ainda, que o Concílio queria propor aos fiéis "a doutrina da instituição, perpetuidade e natureza do sagrado primado apostólico" (COD, p. 812).

> Para que o episcopado fosse uno e indiviso e, pela coesão e união íntima dos sacerdotes, toda a multidão dos que creem se conservasse na unidade da fé e da comunhão, [Cristo], antepondo S. Pedro aos demais Apóstolos, pôs nele o princípio

perpétuo e fundamento visível dessa dupla unidade, sobre cuja solidez se construísse o templo eterno e se levantasse, sobre a firmeza desta fé, a sublimidade da Igreja, que deve elevar-se até o céu (COD, p. 812).

Essa passagem fundamentava-se na eclesiologia de Cipriano, para quem a unidade do episcopado, fundamentada em Cristo, precedia o primado, mas também se enquadrava na visão ultramontana da Igreja, que assentava a unidade eclesial diretamente no ministério apostólico de Pedro (THEOBALD, 2006, p. 260).

O capítulo I, dedicado a sustentar a "instituição do primado apostólico de São Pedro", centra-se, sobretudo, na ampla citação dos versículos 16-19 do capítulo 16 do Evangelho segundo Mateus. Os três pontos da doutrina bíblica, destacados pelo Concílio, são: a unicidade da relação entre Pedro e Cristo (*uni Simoni Petro; solum Petrum*), a transmissão *imediata* do primado por Cristo a Pedro, sem passar pela Igreja, e, por fim, a marca *jurisdicional* desse primado, que se manifesta pelo "ligar-desligar", precisado já no capítulo 3, impossível de ser reduzido a mero "primado de honra" (THEOBALD, 2006, p. 262).

Neste ponto, pelo menos três questões emergem: primeiro, quem é Pedro no Novo Testamento; segundo, se o texto de Mt 16,16ss realmente pode servir para justificar esse primado que, segundo a Constituição, foi querido pelo próprio Jesus; terceiro, se o primado deriva da pessoa de Pedro ou da Igreja de Roma.

2.2.1.1.1 *Pedro no Novo Testamento*

A figura de Simão é condicionada pela apresentação feita por Marcos, o mais antigo dos evangelhos, que posteriormente foi utilizada pelos demais evangelistas. Ao se estabelecer a lista dos Doze, Pedro é o primeiro a ser nomeado; já naquela ocasião Jesus lhe havia colocado o nome de Pedro (Mc 3,14-16). Ele é também o último do qual se fala em Marcos: narra-se uma aparição celestial às mulheres, com uma mensagem "a seus discípulos e a Pedro" (Mc 16,7). Em Marcos, Pedro é o porta--voz dos discípulos (Mc 8,27-33; 9,2-6; 10,28-30; 11,20-22; 14,26-31; 16,7), embora essa liderança não leve o evangelista a idealizá-lo ou engrandecê-lo. Ao contrário, Pedro tem uma imagem pervertida do messianismo de Jesus e recebe o duro qualificativo de "satanás" (Mc 8,27-33); na ceia, Jesus prevê suas negações (Mc 14,29-31), e se nota claramente um contraste entre o chamado vocacional a seguir Jesus e o seguimento "de longe", depois da prisão (Mc 14,54). De alguma forma, Pedro personifica os discípulos, no seguimento, até o pátio do sumo sacerdote (Mc 14,54) e na fuga.

Em síntese, Marcos se interessa especialmente por Pedro, mas não é claro se isso ocorre por causa dele, concretamente, ou se se trata de um modelo que simboliza todos os discípulos. O que é certeza é que "não há alusão alguma ao seu apostolado posterior na Igreja, eventualmente com a exceção de uma alusão indireta a ele ao chamá-lo de 'pescador de homens' (Mc 1,17)" (ESTRADA, 2005, p. 412).

No Evangelho de Mateus, constata-se um grande interesse por Simão, comumente chamado Pedro, ao contrário do Evangelho de Marcos. Pedro é um dos primeiros

A REFORMA DO PAPADO

discípulos (Mt 4,18-19), o primeiro da lista dos "doze apóstolos" (Mt 10,2) e aquele que toma a palavra em nome de todos (Mt 15,15; 17,24-27; 18,21-22; 19,27), embora Mateus mencione, mais que Marcos, a atividade grupal dos discípulos em torno de Jesus, sem mencionar um ou outro. Há, em Mateus, certa tendência a enaltecer Pedro: só ele anda sobre as águas como Jesus (Mt 14,28-31), confessa a sua divindade e recebe uma promessa pessoal (Mt 16,16-19) e paga, com ele, o tributo ao templo (Mt 17,27) (ESTRADA, 2005, pp. 412-413).

Lucas, o terceiro Evangelho, reforça o nome Pedro, também em correspondência com as funções por ele desempenhadas nos Atos dos Apóstolos. Lucas o denomina de Pedro 18 vezes; outras 11, de Simão, usando uma só vez "Simão Pedro" (Lc 5,8). Entretanto, o Evangelho começa a chamá-lo de Pedro somente depois de narrar a passagem na qual Jesus escolheu os doze discípulos para torná-los apóstolos (Lc 6,14), confirmando, assim, a origem apostólica do nome "Pedro". Há convergência entre Lucas e Mateus ao sublinhar-se o papel decisivo de Pedro depois da morte de Jesus, o que provavelmente corresponde à realidade histórica, embora eles acabem divergindo na forma de fazê-lo. Pedro é o último apóstolo nomeado em Lucas (24,34) e o primeiro mencionado no livro de Atos (1,13). Lucas é também o único Evangelho a fazer referência explícita a uma aparição do Ressuscitado a Pedro (Lc 24,34). No fim, para o terceiro Evangelho, o importante é a missão apostólica, dentro da qual se enquadra o significado de Pedro como o apóstolo que acompanhou Jesus e que foi testemunha de sua ressurreição (ESTRADA, 2005, pp. 418-419).

João, por fim, escreve quando já se desenvolveu o processo institucional da Igreja e já surgiram as primeiras críticas e reservas a essa evolução. Ao mesmo tempo, a figura de Pedro já se havia transformado na do apóstolo mais universal e mais aceito. No entanto, embora João não renegue Pedro nem apresente dele uma imagem negativa, o mais destacado entre os discípulos é o chamado discípulo amado; e isso não pela sua liderança na comunidade, nem sequer mencionada, mas sim pela sua proximidade e intimidade com Jesus. Apesar da imagem tradicional de Pedro como líder ser mantida, ele é, ao mesmo tempo, apresentado também como exemplo da incompreensão dos discípulos a respeito do messianismo de Jesus. É em João que Pedro corta a orelha do servo do sumo sacerdote (Jo 18,10-11) e protesta, e não aceita que Jesus lhe lave os pés (Jo 13,8) (ESTRADA, 2005, pp. 419-421).

Nessa mesma linha se coloca a passagem final de João, que é um acréscimo posterior ao Evangelho e é citada pela Constituição Dogmática *Pastor Aeternus*, na qual Pedro confirma por três vezes seu amor a Cristo, mas sem cair na presunção de dizer a Jesus que o ama mais do que os outros discípulos. No entanto, mais do que para justificar ou legitimar um primado, a perícope trabalha, muito mais, uma questão humana e pontual de Pedro: o arrependimento diante das traições, quando o Mestre estava prestes a ser morto.

> [...] Antes da experiência da traição, o Apóstolo teria certamente respondido: "Amo-Te (*agapô-se*) incondicionalmente". Agora, que conheceu a amarga tristeza da infidelidade,

o drama da própria debilidade, diz apenas: "Senhor... tu sabes que sou deveras teu amigo" (*filô-se*), isto é, "amo-te com o meu pobre amor humano". Cristo insiste: "Simão, tu amas-me com este amor total que eu quero?". E Pedro repete a resposta do seu humilde amor humano: "*Kyrie, filô-se*", "Senhor, tu sabes que eu sou deveras teu amigo". Pela terceira vez Jesus pergunta a Simão: "*Fileîs-me?*", 'Tu amas-me?". Simão compreende que para Jesus é suficiente o seu pobre amor, o único de que é capaz, e, contudo, sente-se entristecido porque o Senhor teve que lhe falar daquele modo. Por isso, responde: "Senhor, tu sabes tudo; tu bem sabes que eu sou deveras teu amigo! (*filô-se*)". Seria para dizer que Jesus se adaptou a Pedro, e não Pedro a Jesus! É precisamente esta adaptação divina que dá esperança ao discípulo, que conheceu o sofrimento da infidelidade. Surge daqui a confiança que o torna capaz do seguimento até ao fim: "E disse isso para indicar o gênero de morte com que ele havia de dar glória a Deus. Depois destas palavras, acrescentou: 'Segue-me'" (Jo 21,19) (BENTO XVI, 2018, pp. 241-215).

Em outras palavras, o texto tem a preocupação de mostrar que a queda de Pedro é equilibrada porque Cristo lhe confia a tarefa de apascentar o seu rebanho. Indiretamente, concede-lhe um posto de responsabilidade na Igreja (Jo 21,15-17), como em Mateus, mas de forma diferente, estabelecendo um paralelo entre Jesus, o bom pastor (Jo 10,1-18), e Pedro, pastor do seu rebanho, como ocorre em outra tradição tardia (1Pd 5,1-4).

Os Atos dos Apóstolos são, em sua primeira metade, os atos de Pedro e dos outros. Desde o primeiro momento, Pedro é o líder da incipiente Igreja e é ele quem propõe a eleição de Matias para cobrir o lugar deixado por Judas, embora não seja ele quem decida, já que da eleição participa toda a comunidade (At 1,23-26). Pedro, porém, assume a liderança tomando a palavra depois da experiência de Pentecostes (At 1,13.15; 2,14.37-38) e é também, com João, aquele que faz milagres (At 3,1.4.6; 9,34.39-43), faz o primeiro discurso ao povo judeu (At 3,11-26), presta contas ao Sinédrio (At 4,8-13.19), intervém nos primeiros conflitos comunitários (At 5,3.8-9), protagoniza as primeiras curas (At 5,15) e toma a palavra diante das autoridades, depois de ter compartilhado a prisão com os demais companheiros (At 5,29) (ESTRADA, 2005, pp. 422-423).

Por outro lado, não há a menor alusão lucana a um vínculo entre Pedro e Roma, o que, isso sim, ocorre com Paulo (At 28,16-30), provavelmente porque Lucas não conhece a tradição da atividade e martírio de Pedro em Roma, que começa a se desenvolver de forma explícita a partir da segunda metade do século II e à qual poderiam fazer referência indiretamente outras tradições do Novo Testamento, que recorrem à morte testemunhal de Pedro. Fato, porém, é que da mesma forma que as cartas pastorais se refugiam na autoridade de Paulo para legitimar o processo de institucionalização de fins do século I, assim também Lucas utiliza Pedro para harmonizar a teologia paulina com a de Tiago, contribuindo, assim, para a estabilidade da Igreja (ESTRADA, 2005, p. 425).

2.2.1.1.2 Uma exegese de Mt 16,13-20[3]

No Evangelho de Mateus, o discípulo Pedro aparece de três formas distintas: ora tratado apenas por Simão (4,18; 10,2; 16,17); ora por Pedro (8,14; 14,28-29; 15,15; 16,18; 16,22-23; 17,4; 18,21; 19,27); e, uma vez ainda, por Simão Pedro (16,16). Estrada salienta que

> [...] é preciso distinguir entre o judeu Simão e o Pedro cristão, entre o personagem da vida de Jesus e o apóstolo da Igreja. Ambos são a mesma pessoa, mas as afirmações sobre eles correspondem a diferentes etapas de sua vida. O problema está no fato de que, no Novo Testamento, tudo é misturado, e a significação de Pedro é projetada retrospectivamente na vida do discípulo de Jesus, o judeu Simão (ESTRADA, 2005, p. 410).

As três formas de se referir ao apóstolo aparecem, exclusivamente, na tradicional perícope utilizada, comumente, para justificar o papado:

> Chegando Jesus ao território de Cesareia de Filipe, perguntou aos discípulos: "Quem dizem os homens ser o Filho do homem?". Disseram: "Alguns dizem que é João Batista, outros que é Elias, outros, ainda, que é Jeremias ou um dos profetas". Então lhes perguntou: "E vós, quem dizeis que eu sou?". *Simão Pedro*, respondendo, disse: "Tu és o Cristo, o Filho de Deus vivo". Respondendo, Jesus lhe disse: "Bem-aventurado és tu,

---

[3] A ideia aqui não é fazer anacronismo. No entanto, como o objeto de pesquisa é a *reforma do papado*, a proposta de olhar o texto utilizando-se os métodos hermenêuticos contemporâneos pretende apontar justamente que é possível dar outra interpretação à referida perícope e, como tal, repensar os fundamentos da Constituição *Pastor Aeternus*, o que possibilitaria a reforma no ministério papal.

Simão, filho de Jonas, porque não foi carne ou sangue que te revelaram isso, e sim meu Pai que está nos céus. Também eu te digo que tu és *Pedro*, e sobre esta pedra edificarei a minha Igreja, e as portas do Hades nunca prevalecerão contra ela. Eu te darei as chaves do Reino dos Céus e o que ligares na terra será ligado no céu, e o que desligares na terra será desligado nos céus". Em seguida, proibiu severamente aos discípulos de falarem a alguém que *ele era o Cristo* (Mt 16,13-20, grifos nossos).

Note-se que, à pergunta de Jesus, quem responde é Simão Pedro: "Tu és o Messias, o Filho do Deus vivo" (Mt 16,16a). Há algo, nessa confissão de Simão Pedro, que Jesus precisava purificar, visto que se utilizam os dois nomes, do judeu Simão e do cristão Pedro. Logo, ou Jesus não se identificava com o título de Cristo, ou não era o Filho do Deus vivo. É, no entanto, o próprio Jesus quem dirá o que ele não é: "Em seguida, proibiu severamente aos discípulos de falarem a alguém que ele era *o Cristo*" (Mt 16,20). Jesus se reconhece apenas com o título de Filho do Deus vivo, no sentido de agir conforme o próprio Deus. Observe-se que, diante da resposta que ouviu, Jesus elogia apenas Simão, não Simão Pedro: "Feliz és tu, *Simão*, filho de Jonas...".

No entanto, quando Jesus fala da Igreja, confia-lhe tão somente a Pedro. Ou melhor, diz: "Tu és Pedro" (Mt 16,18). Há certa correspondência entre o *Tu és* de Pedro a Jesus e o de Jesus a Pedro: Messias não indicava propriamente um nome, mas uma função, assim como pedra. Na verdade, o que o evangelista pretendia com esse texto era expor um tratado sobre a fé em Jesus: é a fé que permitirá a construção de uma sociedade humana nova, a "Igreja de

Jesus" ou o Israel messiânico. Sua base inamovível é a fé em Jesus como Messias Filho de Deus vivo, e todo aquele que der semelhante adesão a Jesus será pedra utilizável para a construção dessa cidade (MATEO; CAMACHO, 1993, p. 184-186). Logo, a rocha sobre a qual se edifica a Igreja não é Pedro, mas a fé que professou, e todo aquele que igualmente professá-la torna-se uma pedra viva da Igreja de Jesus: "Do mesmo modo, também vós, como pedras vivas, prestai-vos à construção de um edifício espiritual, para um sacerdócio santo, a fim de oferecerdes sacrifícios espirituais a Deus por Jesus Cristo" (1Pd 2,5).

O que aparece, portanto, nessa perícope é a profissão de fé da comunidade de Mateus que, contrariando a expectativa popular de um Messias triunfalista, filho de Davi, apresenta Jesus como o Filho de Deus vivo. Logo, a profissão de fé de Pedro é a rocha sobre a qual Jesus constrói a Igreja (16,18). Aliás, os próprios discípulos foram chamados a construir a casa sobre a rocha (7,24). Pedro recebe o poder de ligar e desligar (16,19), mas os discípulos também (18,18) – uma informação que a Constituição *Pastor Aeternus* não acrescentou, embora tenha selecionado o momento em que Jesus se refere a Pedro como *Cefas*, no Evangelho de João. Essa ideia parece clara à Igreja, porque, na oração da missa da festa da Cátedra de São Pedro, afirma: "Concedei, ó Deus todo-poderoso, que nada nos possa abalar, pois *edificastes a vossa Igreja sobre aquela pedra que foi a profissão de fé do apóstolo Pedro*" (MISSAL ROMANO, 2004, p. 556).

[...] o que fez Simão Pedro ser Pedro e pedra não foi a sua pessoa, mas a sua profissão de fé. Esta ocupa o centro. É sobre a fé em Jesus como Cristo e Filho de Deus, proferida pela primeira vez por Simão Pedro, que se construirá sempre a Igreja, ontem e hoje. O importante não foi a sua pessoa, mas a sua fé [...]. Portanto, a Igreja se constrói sobre a fé de Pedro e de todos os seus seguidores nos séculos posteriores. Sem essa fé não há Igreja. Por isso, a definição teológica mais correta de Igreja é "comunidade dos que tem fé (*communitas fidelium*)". Este é o sentido original, entendido desta forma nos primeiros séculos, e somente posteriormente, nas polêmicas sobre qual a Igreja teria a primazia, começou a se colocar o acento sobre a pessoa de Pedro, e não sobre o que verdadeiramente conta, a sua fé. Onde as pessoas se reunirem ao redor desta fé professada por Pedro, aí nasce a Igreja [...] (BOFF, 2014, p. 127).

Em outras palavras, é em troca de sua confissão que Pedro recebe um elogio e uma responsabilidade: é do seu reconhecimento que nascerá a Igreja, a comunidade de todos aqueles que reconhecem em Jesus, na sua palavra e ação, o germe de uma nova humanidade (STORNIOLO, 1991, p. 118).

Num outro contexto, Jesus declara a Pedro: "Eu rezei por ti, para que tua fé não desfaleça. E tu, quando regressares, confirma teus irmãos" (Lc 22,32). Desfalecer é falhar, termo que a seu modo anuncia a infalibilidade. A fé de Pedro, efetivamente, "desfaleceu" no momento de sua negação. E Pedro, "quando regressares" (provavelmente, à fé), deve por sua vez confirmar seus irmãos. Esta promessa era recebida num clima de grande humildade, porque se trata de um carisma que ia ser levado em vasos de argila. O ensinamento dos apóstolos manifestará a consciência de sua responsabilidade para anunciar a verdadeira fé e para velar a fim de que as comunidades cristãs guardem essa fé em toda a sua verdade. O ensinamento de Paulo mostra que o mesmo cuidado e a mesma responsabilidade são

A REFORMA DO PAPADO

transferidos a toda a geração apostólica. O Evangelho de Paulo é o Evangelho de Cristo. Os dons de Cristo são sem arrependimento. Por isso, o Novo Testamento, composto dos escritos que remontam a essa época, é munido do dom da inerrância. Trata-se, pois, de um dom (SESBOÜÉ, 2014, p. 74).

Mateus 16, portanto, não fundamenta e tampouco justifica o papado nos moldes que a Constituição Dogmática *Pastor Aeternus* pretendeu fazê-lo. A Igreja não depende da figura do sucessor de Pedro, mas sim da fé em Jesus, a qual Pedro foi o primeiro a professar – e talvez por isso se conceba um *primado de honra*, mas não de jurisdição; e, igualmente, aceite-se sua missão como fundamento visível da unidade, mas não, necessariamente, uma *infalibilidade*, mesmo que quando fale *ex cathedra* em matéria de fé e de costumes.

Se a análise textual permite chegar a essa verdade, ainda sobre o texto de Mateus, Estrada propõe um caminho ainda mais consistente:

> [...] Essa redação é uma criação do evangelista Mateus, o qual apresenta um fato histórico ocorrido depois da cruz. É provável que o texto não seja invenção pessoal sua, mas que recolha uma tradição mais antiga. Depois da morte de Jesus, iniciou-se o processo de desintegração da comunidade de discípulos. O fracasso final do mestre gerou uma dinâmica de dispersão e de dissolução da comunidade. Provavelmente muitos discípulos começaram a fugir dela por medo das autoridades religiosas. [...] Então, ocorre a um apóstolo a primeira manifestação do Ressuscitado, a primeira epifania a Pedro, da qual falam as demais tradições (1Cor 15,5). Em consequência disso, não só se começa a propagar-se a notícia de que o Crucificado ressuscitou, mas inverte-se a tendência e todos começam a unir-se ao redor de Pedro e dos discípulos (ESTRADA, 2005, pp. 415-416).

Apesar dessa constatação, não se pode ignorar que, destacadas as diferenças, uma mesma versão do texto de Mateus aparece em Marcos (8,29) e Lucas (9,18-20). Logo, aceitar a tese da construção do texto como uma invenção da comunidade mateana significaria ignorar um dado primordial: a fé da comunidade primitiva que acolheu os evangelhos como Palavra de Deus.

Entretanto, o evangelista Mateus nunca apresentou Pedro com uma autoridade diferente da dos demais discípulos, embora a perícope do capítulo 16 lhe tenha dado um destaque diferente, visto que só a ele foi dirigida a promessa de construir a Igreja sobre a pedra. Apesar disso, nunca se faz de Pedro um caso isolado do conjunto, embora ele personifique, sim, o que todos eram. Nesse caso, portanto, não que Pedro fosse o embrião da comunidade por vontade do próprio Jesus, mas teria assim se tornado pelas próprias circunstâncias (ESTRADA, 2005, p. 417). Ainda assim, porém, a Constituição Dogmática *Pastor Aeternus* afirma com contundência:

> Se, pois, alguém disser que o bem-aventurado Pedro Apóstolo não foi constituído por Jesus Cristo príncipe de todos os Apóstolos e chefe visível de toda a Igreja militante; ou que ele recebeu, direta e indiretamente, do mesmo Senhor nosso Jesus Cristo, apenas um primado de honra, não porém um primado de jurisdição verdadeira e própria: seja anátema (COD, p. 812).

De fato, apesar dessas análises, o cânon com que a Constituição *Pastor Aeternus* finaliza o primeiro capítulo é claro e representa, sem dúvida, um impasse quando se

A reforma do papado

pensa em uma reforma do papado, especialmente quando se pretende analisar os fundamentos histórico-dogmáticos do exercício da missão do papa.

2.2.1.1.3 A Igreja de Roma e Pedro

A questão agrava-se ainda mais quando, por exemplo, Küng (2012, p. 77) destaca que o Novo Testamento nada diz sobre Pedro algum dia ter estado em Roma, e tampouco se lê algo a respeito de um sucessor de Pedro – e, automaticamente, de um sucessor de Pedro em Roma.

De fato, as origens do cristianismo em Roma não são claras. Nela, havia uma forte colônia de judeus que poderia ter sido o ponto de partida para a expansão. É importante, porém, ter presente que as tradições a respeito da estadia de Pedro e de seu subsequente martírio com Paulo, sob o governo de Nero, remontam à segunda metade do século II. Nada se sabe de sua vida em Roma, de sua pregação e das circunstâncias de seu martírio, a não ser algumas esporádicas alusões feitas por alguns escritores do século III, cujo valor histórico é pouco confiável, porque nelas se mesclam lendas, devoções e comentários pouco relevantes (ESTRADA, 2005, p. 446).

Ao mesmo tempo, as diversas listas episcopais romanas que se conhecem são tardias e não coincidem nem nos nomes nem na cronologia. Aliás, a comunidade judaica não possuía um governo centralizado, mas estava dispersa nas sinagogas, o que corrobora a hipótese de que demorou até que surgisse o primeiro bispo monárquico de Roma. Logo,

[...] não há uma sucessão episcopal inicial, nem a sucessão apostólica pode ser entendida de forma mecânica. Quem tem importância é a Igreja de Roma como tal, pelo fato de ser capital do Império e pela sua importância econômica e política; por ser uma Igreja muito conhecida, tendo vínculos com todas as demais Igrejas (como o demonstra a *Carta de Clemente de Roma aos coríntios*); por sua hospitalidade e generosidade (Inácio de Antioquia afirma que ela foi posta como cabeça na caridade, e isso é corroborado por Dionísio de Corinto); e, somente por último, pela sua dupla relação apostólica entre Pedro e Paulo (ESTRADA, 2005, pp. 448-449).

Do ponto de vista histórico, a Igreja romana contava com importantes recursos econômicos, que eram empregados no atendimento aos pobres e aos visitantes de outras igrejas, razão pela qual Roma sempre foi famosa pela sua excelente administração e eficiência, como correspondência à capital do grande império. Ainda assim, disso não se deve deduzir nem uma primazia jurídica tampouco uma primazia apostólica da Igreja romana. Nem sequer há nela a menor alusão a Pedro para sustentar quaisquer direitos sobre as demais igrejas.

Na verdade, Jerusalém é a primeira Igreja, tanto no plano histórico quanto no teológico, e nela eram resolvidos os problemas apresentados por outras igrejas, como Antioquia, Éfeso ou as demais igrejas paulinas, às quais Tiago enviava delegados (1Cor 9,5; Gl 1,6-7; 2,12; At 21,18-21). Se há, portanto, uma Igreja primaz no século I, é a de Jerusalém, da qual o chefe é Tiago, que garantiu a sua autoridade em Jerusalém quando Pedro abandonou a Igreja depois da perseguição de Herodes Antipas, a qual não atingiu o grupo estrito de judeo-cristãos seguidores de Tiago, e sim os de Pedro (At 12–17).

Os primeiros testemunhos de uma primazia romana datam da época de Cipriano de Cartago (210?-258), que interveio corroborando a atitude do Papa Cornélio (251-253) com relação aos *lapsos*, ou seja, os apóstatas da fé durante as perseguições (SOUZA; DIAS, 2021, p. 105). Cipriano foi o primeiro a falar de uma "cátedra de Pedro" em Roma. Ambrósio (334?-397) escreveu que, "onde está Pedro, aí está a Igreja", e Jerônimo (347-419), dirigindo-se ao Papa Dâmaso, registrou: "Não sigo a ninguém como cabeça, a não ser a Cristo somente, e por isso quero permanecer em comunhão contigo, isto é, com a Sé de Pedro. Eu sei que sobre este rochedo está fundada a Igreja" (SCHMAUS, 1983, p. 155).

Não se pode esquecer, porém, que o bispo de Roma possui três âmbitos distintos de autoridade: enquanto bispo de uma Igreja local, a romana, enquanto patriarca do Ocidente (onde ele exerce uma autoridade semelhante à dos bispos de Alexandria e de Antioquia e seus patriarcados) e enquanto primaz da Igreja universal. A autoridade em Roma é indiscutível, visto que se impôs a ideia segundo a qual cada Igreja deve ter somente um bispo, contra as pretensões dos antipapas. No Ocidente, a primazia se desenvolveu progressivamente, mais na prática do que na teoria, sendo frequentes os recursos a ela quando havia enfrentamentos entre as igrejas ou conflitos episcopais. Por outro lado, até o século IV não havia pretensão de primazia sobre as igrejas orientais (ESTRADA, 2005, p. 452).

Nesse sentido, há uma lacuna na Constituição Dogmática *Pastor Aeternus*: no capítulo sobre a "perpetuidade do primado de Pedro nos romanos pontífices", ligada diretamente à vontade de Deus, o texto destaca a relação entre o apóstolo e os bispos de Roma, mas nada fala da Igreja romana (ALBERIGO, 1995, pp. 383-384), que também tivera um papel decisivo na tradição teológica do primado, ou seja: ainda que o Documento faça menção à Igreja de Roma, não se vincula a ideia do primado à Igreja em si, mas tão somente ao seu bispo, que é sucessor de Pedro.

2.2.1.2 O dogma da infalibilidade e seus limites

Inspirada essencialmente na exegese dos Santos Padres, a minoria se esforçou por ampliar e diferenciar a interpretação dos textos evangélicos. Para os anti-infalibilistas, a metáfora da "pedra" tinha diversos significados e a pluralidade de testemunhas no Novo Testamento era essencial à compreensão do ministério apostólico. Além do mais, parecia inegável que a terminologia do "fundamento" era também aplicada a outros apóstolos (Ef 2,20), assim como, no Evangelho de Mateus, lhes era dado o poder de ligar e desligar (Mt 18,18).

Apesar disso, o poder papal foi indicado com vários termos: *ordinário*, ou seja, não delegado, mas diretamente vinculado ao ofício de sucessor de São Pedro; *imediato*, o que significa que é concedido ao pontífice diretamente por Deus, não por uma delegação da Igreja; e *verdadeiramente episcopal* sobre todos, fiéis e pastores, no que diz respeito à fé e aos costumes, mas também no que se refere à disciplina e ao regime da Igreja. Os bispos, de outra parte, não eram

A REFORMA DO PAPADO

compreendidos como simples funcionários, subordinados ao papa como meros executores de suas ações, mas sim como sucessores dos apóstolos, que gozavam também de um poder de jurisdição episcopal ordinário e imediato. No entanto, o problema permanecia, visto que ainda se questionava como poderiam subsistir esses dois poderes designados pelos mesmos adjetivos (MARTINA, 2005, p. 272). Em outras palavras, reconhecia-se também o "supremo poder do magistério", sem, no entanto, aprofundar como se dava essa relação.

E assim se chegou ao "magistério infalível do pontífice romano", como aspecto do primado apostólico.

> O Romano Pontífice, quando fala *ex cathedra* – isto é, quando, no desempenho do múnus de pastor e doutor de todos os cristãos, define com sua suprema autoridade apostólica que determinada doutrina referente à fé e à moral deve ser sustentada por toda a Igreja –, em virtude da assistência divina prometida a ele na pessoa do bem-aventurado Pedro, goza daquela infalibilidade com a qual o Redentor quis estivesse munida a sua Igreja quando deve definir alguma doutrina referente à fé e aos costumes; e que, portanto, tais declarações do Romano Pontífice são, por si mesmas, e não apenas em virtude do consenso da Igreja, irreformáveis (COD, p. 816).

O sujeito da infalibilidade, como se vê, é o pontífice romano enquanto fala *ex cathedra*, o que evidencia duas restrições: de tempo e de função. Logo, a constituição qualifica e delimita a infalibilidade pessoal do papa. O objeto dessa prerrogativa, por sua vez, não é a identificação de novas doutrinas, mas a guarda e a exposição fiel da revelação transmitida pelos apóstolos, ou seja, o depósito da fé.

A longa elaboração levou a esclarecimentos importantes, dado que o exercício da infalibilidade se submetia a uma série orgânica de condições: primeiro, à própria solenidade (*ex cathedra*), que impede a atribuição de infalibilidade a todo pronunciamento papal; segundo, à plena consciência subjetiva de exercer a "suprema autoridade apostólica"; por último, à delimitação do objetivo a assuntos relativos à fé e aos costumes e relevantes para toda a Igreja, excluídas, pois, as questões políticas e os problemas relativos ao poder temporal. Evidencia-se também que a parte final da Constituição remete "à infalibilidade de que o divino Redentor dotou a sua Igreja" (análogo superior), para indicar sinteticamente a natureza da infalibilidade de que goza o papa (análogo inferior) (ALBERIGO, 1995, pp. 384-385).

> A formulação contém uma condição restritiva quanto ao exercício da infalibilidade: o papa deve falar *ex cathedra*, sem ambiguidade alguma quanto à sua intenção, portanto, invocando o carisma da verdade que Pedro e seus sucessores receberam de Cristo. O laço do papa com a Igreja se adquire no próprio ato da definição. O texto diz claramente que esta infalibilidade é a da Igreja inteira, que se concentra de algum modo na decisão pontifical. Estas decisões são irreformáveis, outro termo para expressar a infalibilidade (SESBOÜÉ, 2014, p. 84).

Assim, não se autoproclamou a infalibilidade arbitrária e intransigente nem, tampouco, foi dito que o papa não possui infalibilidade nenhuma. Na verdade, a infalibilidade *ex cathedra* realçou a eclesialidade do papa e a configuração da verdade infalível oriunda do *sensus fidelium* de toda a Igreja, além do caráter pneumatológico de seu ministério, uma vez que sua ação infalível só é possível em função da assistência recebida pelo Espírito Santo (SOUZA; GONÇALVES, 2013, p. 95).

A proposição conclusiva, que diz que "as definições são irreformáveis por virtude própria, não pelo consenso da Igreja", havia despertado ásperas resistências por parte da minoria conciliar, visto que parecia isolar o papa e a sua responsabilidade da Igreja, dado que as declarações dogmáticas eram subtraídas de qualquer verificação. No entanto, a preocupação dos redatores era excluir todo resíduo de galicanismo, pelo qual o papa seria obrigado a submeter tais declarações a um assentimento estranho à sua própria vontade. Para Alberigo (1995, p. 385), isso não feria o critério tradicional de que toda decisão eclesiástica – inclusive as venerandas definições dos primeiros concílios ecumênicos – deve encontrar recepção na vida e na fé da Igreja universal, caso contrário, se torna irrelevante.

2.3 Desdobramentos do Vaticano I

Apesar de todas as definições da Constituição *Pastor Aeternus*, para resolver o problema de se justificar o primado de jurisdição e a infalibilidade papal na pessoa de Pedro, parece óbvio que não se pode apelar única e exclusivamente para a Escritura, ainda que esta tenha sido utilizada, em várias passagens, para legitimar os diversos posicionamentos ao longo do conflito.

Na verdade, as definições do Vaticano I são unilaterais, porque se dirigem contra determinados erros de seu tempo

– o que significa dizer que colocam acentos para responder aos problemas de determinada situação histórica. Fato, porém, é que o modo de se expressar do Vaticano I é jurídico; fala-se de direitos e prerrogativas, em uma linguagem bastante diferente da que consta no Novo Testamento, no qual, no texto grego, não se encontram termos que designam uma autoridade meramente formal, assim como não se fala de direitos e poderes jurídicos, mas sim de *serviço* na e para a Igreja. Logo, na perspectiva neotestamentária, "o papa seria um sinal eficiente da unidade, um órgão vivo e pessoal e instrumento de Cristo para fundamentar a unidade na presença do Senhor em sua Igreja. O primado, então, seria primado de Cristo" (ZILLES, 1970, p. 153).

A própria ideia do primado é ambígua, porque pode ser entendida em sentido honorífico e litúrgico, como o pretende o Oriente, ou em sentido jurisdicional e administrativo, como o reclama o Ocidente. Também não há acordo sobre a existência de um primado eclesial ou de algo que derive do Cristo. A própria sucessão de Pedro tem um sentido coletivo na maioria das Igrejas: todos os bispos são sucessores de Pedro, enquanto em Roma se lhe dá um sentido pessoal irrestrito (ESTRADA, 2005, p. 456).

Sobre os dogmas, as opiniões entre os autores são diversas. Para Martina (2005, p. 279), as definições da infalibilidade e do primado de jurisdição sobre toda a Igreja sufocaram os últimos resquícios do galicanismo, mas estimularam o processo de centralização, ainda que tenham conseguido reforçar a autoridade do papado em um momento em que ele era violentamente atacado por muitas partes.

A questão é que, apesar de tudo, tanto a infalibilidade quanto o primado de jurisdição foram definidos como dogmas divinamente revelados – que, na Igreja, são palavra definitiva. E aqui há impasse, por exemplo, no campo ecumênico, visto que a Igreja Ortodoxa concebe o bispo de Roma com um primado de honra, mas não de jurisdição: *cum Petro, non sub Petro*. Esta é uma das razões, inclusive, pela qual o papado precisa de uma reforma. A questão agora é: será preciso "anular" um dogma já estabelecido, bastante fundamentado no texto do capítulo 16 de Mateus, que, após análises, parece "não servir" para justificar esse mesmo primado? McBrien (2013, p. 352), comentando a infalibilidade e o primado de jurisdição, salienta que "nenhuma definição poderia estar mais afastada da teologia e prática da Igreja universal, tanto ocidental como oriental, no primeiro milênio cristão". No entanto, é um dogma definido e, nesta perspectiva,

> [...] o dogma deve ser questionado e reinterpretado em cada nova situação, no horizonte de compreensão e na defrontação com o conhecimento de cada época (hermenêutica do dogma). Neste sentido, o dogma católico é sempre reformável para frente. [...] No fundo, a identidade do dogma através da história não pode ser refletida de maneira inteiramente adequada, permanecendo, contudo, um momento da fé da Igreja. Desse processo histórico não se deverá querer excluir o dogma do primado e da infalibilidade do papa, o qual, no futuro, deverá ser reinterpretado mais a partir do próprio Novo Testamento e das mais antigas tradições teológicas em vista de novas situações, e muito menos a partir de horizontes do absolutismo político dos séculos XVIII e XIX (ZILLES, 1970, pp. 163-164).

Logo, a Igreja está diante de uma grande encruzilhada histórica e teológica, porque a monarquia papal que se desenvolveu no segundo milênio, confirmada pelo Concílio de Trento e ampliada pelo Concílio Vaticano I, obedece a um conjunto de fatores históricos e teológicos que, no fundo, extrapolam o Novo Testamento. O primado, ministério da unidade, transformou-se em um fator que o torna irrealizável. De fato, a almejada unidade dos cristãos passa pela reforma do papado e por uma reavaliação de suas funções. O que é consolador é que o conhecimento mais qualificado da história e da exegese permite uma reavaliação do primado, distinguindo entre o primado como instituição, que se inspira no ministério petrino e que foi exercido desde a Igreja antiga, e a organização monárquica e centralizada de que ele se revestiu (ESTRADA, 2005, p. 487).

Nesse sentido, os dogmas papais precisam ser lidos em seu devido contexto, ou seja, contra os "dogmas" da liberdade, da igualdade e da fraternidade, que, por sua vez, perturbaram o "dogma da hierarquia", sobre o qual a Igreja e a sociedade se assentavam desde os tempos antigos. Além do mais, a Revolução Científica, cuja influência também já estava amplamente disseminada, tornou obsoletas as verdades da física e da cosmologia do mundo antigo, e novas filosofias tinham acabado com a ontologia. Paralelamente, a Revolução Industrial provocou mudanças na estrutura da sociedade, produzindo um proletariado oprimido sem nada a perder, a não ser as suas grilhetas, enquanto o Iluminismo tinha situado o objetivo na história, no futuro, transformando a tradição em um obstáculo ao progresso. Ao mesmo tempo, os estudiosos aplicavam os seus recentes métodos histórico-críticos a todas as formas de tradição, incluindo textos e doutrinas sagrados. Em um cenário assim, os católicos ultramontanistas visaram a um inimigo, o qual chamaram de "liberalismo" – um termo genérico que abarcava o conjunto dos problemas levantados pelo mundo moderno (O'MALLEY, 2020, pp. 118-119). Ora, não há dúvidas de que, se vistos neste momento da história, os dogmas papais, hoje, "perdem" a força e, por que não, podem e devem ser objetos de discussão, visto que a própria tradição não é algo estático, mas dinâmico.

Naquele contexto, porém, os argumentos históricos foram irrelevantes diante dos textos aparentemente irrefutáveis das Escrituras. No entanto, o método abstrato e a-histórico do sistema escolástico da teologia ajudou ainda mais a proteger a doutrina da contingência histórica. Além disso, certa ingenuidade histórica, que tomava a situação presente como norma para interpretar o passado, e que projetava a prática e o entendimento do presente nesse passado, contribuiu para esse modo essencialista de pensar (O'MALLEY, 2020, p. 39).

> No catolicismo, não foi na infalibilidade, mas na primazia que ocorreram os desenvolvimentos mais palpáveis e significativos, não sem uma certa ironia: quando a autoridade política direta do papado diminuiu, a sua autoridade eclesiástica aumentou. Não há dúvida de que, após a conclusão do Vaticano I, o papado assumiu uma autoridade cada vez maior sobre quase todos os aspectos da vida da Igreja. Mas a questão é quanto desses ganhos podem ser atribuídos a *Pastor Aeternus* e quanto a outros fatores fora do controle direto da Igreja. De importância absolutamente capital a este respeito é o controle quase ilimitado que o papado assumiu, depois do Concílio, sobre a nomeação dos bispos (O'MALLEY, 2020, p. 127).

Dois anos após o Concílio, o chanceler do império alemão, Otto von Bismarck (1815-1898), enviou uma mensagem confidencial a todos os representantes diplomáticos da Alemanha, informando-os de que a doutrina do Vaticano I sobre o primado de jurisdição dava ao papa poderes episcopais em cada diocese, substituindo pela jurisdição papal a jurisdição dos bispos do país. Apesar de ficar confidencial por dois anos, a mensagem apareceu posteriormente, o que causou uma imediata reação dos bispos alemães, que publicaram uma *Declaração Comum* muito direta entre janeiro e fevereiro de 1875. Falando do papel dos bispos, diziam rejeitar a ideia de que estes teriam se tornado funcionários do papa, sem responsabilidade pessoal. E mais: deixavam claro que, como ensinava a Igreja, o papa era o bispo de Roma, e não de qualquer outra cidade ou diocese (DS 3112-3116). Sobre este parecer, Pio IX se pronunciou:

> [...] Vós destes continuidade a esta glória da Igreja, veneráveis irmãos, quando tomastes a iniciativa de expor o verdadeiro sentido dos decretos do Concílio do Vaticano – capciosamente distorcido numa circular amplamente divulgada –, para que não fosse entendido erroneamente pelos fiéis e, odiosamente falsificado, favorecesse as maquinações para entravar a liberdade na escolha de um novo Papa. A clareza e solidez de vossa declaração é realmente tanta que, não deixando nada a desejar, ela nos ofereceu ensejo para amplíssimas congratulações; mas a notícia mentirosa de alguns periódicos exige de nós um testemunho mais expressivo de nossa aprovação, pois, para restabelecer a força da circular que vós refutastes, a dita notícia tentou recusar crédito a vossas explicações [...]. Nós rechaçamos, portanto, essa pérfida e caluniosa insinuação e sugestão; como vossa declaração representa a genuína sentença

A REFORMA DO PAPADO

católica – que é também a do Sagrado Concílio e desta Santa Sé –, com argumentos acertados e irrefutáveis adequadamente fundada e com brilho explicada, conseguindo mostrar a qualquer pessoa honesta que nas definições contestadas nada há que seja novo ou modifique algo nas relações de sempre, ou possa oferecer algum pretexto para oprimir ainda mais a Igreja... (DS 3117).

Essa carta apostólica, intitulada *Mirabillis illa constantia*, é datada de 4 de março de 1875. Pio IX, em um consistório, ao criar onze cardeais, disse:

> O Deus de misericórdia, que governa e aconselha sua Igreja, providencialmente fez que os bravos e corajosos bispos do império alemão, por sua ilustre declaração, que haverá de ficar como memorável nos anais da Igreja, refutassem com suprema sabedoria as doutrinas erradas e os sofismas avançadas nessa ocasião; erigindo um nobre monumento à verdade, deram uma alegria a nós e à Igreja universal... Suas notáveis declarações e afirmações, dignas da coragem, da função e da piedade de tais homens, nós as ratificamos e confirmamos no exercício da plenitude de nossa autoridade apostólica (PIO IX apud QUINN, 2002, p. 86).

Apesar disso, o primado papal pode ser enfraquecido de duas maneiras: uma seria exagerar de tal modo no papel do episcopado que o papa se tornasse mero executor da vontade da maioria; outra, inflar o papel do papa, transformando-o em inspiração ou iluminação divina, criando uma aura de infalibilidade em torno de quase tudo o que o papa diz ou faz – o que, quando acontece, diminui a credibilidade do papa (QUINN, 2002, p. 86).

Na prática, os debates históricos que se multiplicaram em torno da infalibilidade levaram à distinção entre esta e a simples indefectibilidade, que repousa no fato de que a infalibilidade implica a irreformabilidade da proposição, enquanto a indefectibilidade não implica isso. Nesse sentido, "a Igreja pode obrigar o conjunto dos fiéis a manter uma afirmação concernente à fé, embora esteja sujeita à evolução do tempo e, possivelmente, mais tarde se revê inútil ou contradita" (SESBOÜÉ, 2014, pp. 72-73).

A questão hoje, portanto, não é se há, em Roma, um bispo aberto ou conservador, mas sim se é "possível criar uma estrutura que seja ecumenicamente aceitável, eclesialmente eficaz e teologicamente inspirada no Novo Testamento. Disso depende, em parte, o futuro do cristianismo no terceiro milênio" (ESTRADA, 2005, p. 488).

O problema, depois do Vaticano I, é a própria instituição do papado, e a análise de como surgiu o primado deve servir para uma revisão profunda de suas funções e de sua identidade.

CAPÍTULO 3
O CONCÍLIO VATICANO II
E OS PAPAS: RENOVAÇÃO
E RETROCESSO

> Tudo pois que, em virtude de circunstâncias diversas,
> tenha sido menos bem conservado no que diz respeito
> aos costumes, à disciplina eclesiástica
> e à formulação da doutrina,
> há de ser oportuna e devidamente reformado.
> (Decreto *Unitatis Redintegratio*)

Este capítulo pretende expor, em primeiro lugar, a postura dos papas, depois de Pio IX e até o Concílio Ecumênico Vaticano II, diante da realidade que se lhes apresentava. Ao mesmo tempo, procurará analisar como os documentos conciliares avaliaram a figura do bispo de Roma, bem como seu ministério, para verificar se, a partir das próprias afirmações do Concílio, se poderia empreender uma reforma no papado. No contexto pós-conciliar, também se salienta os avanços e retrocessos nos pontificados que se sucederam, de Paulo VI (1963-1978) a Bento XVI (2005-2013).

3.1 Os papas até o Vaticano II

As definições do Concílio Vaticano I acerca do papado passaram a compor o corpo dos dogmas de fé e, aos poucos, a Igreja abriu-se – ou "os tempos" fizeram-na se abrir – para novas realidades.

O sucessor imediato de Pio IX, o cardeal Vicente Joaquim Pecci (1810-1903), que assumiu o nome de Leão XIII (1878-1903), teve como programa inicial, já descrito na encíclica programática *Inscrutabili Dei consilio* (1878), recristianizar o mundo moderno. Para Leão XIII, assim como para Pio IX, a única saída para tentar resolver os males de seu tempo era a afirmação e o reconhecimento da autoridade papal. Nesse aspecto, tanto quanto Pio IX, Leão XIII colocou-se igualmente como "vítima" da Questão Romana.

> Efetivamente, desde os primeiros instantes do Nosso Pontificado, o que se oferece aos nossos olhares é o triste espetáculo dos males que todas as partes acabrunham o gênero humano: é essa subversão geral das verdades supremas que são como que os fundamentos em que se apoia o estado da sociedade humana [...]. Ora, havemo-nos convencido de que esses males têm a sua principal causa no desprezo e na rejeição dessa santa e augustíssima autoridade da Igreja que governa o gênero humano em nome de Deus, e que é salvaguarda e o apoio de toda autoridade legítima (LEÃO XIII, 1878).

A REFORMA DO PAPADO

Apesar de tudo, o pontificado de Leão XIII alcançou uma espécie de prestígio que, em tempos anteriores, não havia sido possível. Em 1891, o papa publicou a encíclica *Rerum Novarum*, que lançou as bases do catolicismo social, superando o atraso do magistério da Igreja sobre a questão. No ano seguinte, em 1892, o papa orientou os franceses a aceitar a República, o que, no mundo católico, significou o fim da cristandade.

Na dimensão eclesiológica, no dia em que a Igreja celebrou o martírio de São Pedro e São Paulo, 29 de junho, do ano de 1896, Leão XIII lançou a encíclica *Satis cognitum*, sobre a unidade da Igreja – ainda que dirigida aos que estavam "em graça e comunhão com a Sé Apostólica". Nesse texto, a Igreja é vista como *Corpo de Cristo*, e o papa se colocou em uma perspectiva moderada, quando se põem à vista as diferentes correntes de interpretação da infalibilidade papal.

> Do mesmo modo que a unidade da Igreja, enquanto sendo a assembleia dos fiéis, requer necessariamente a unidade da fé, assim também, para sua unidade enquanto instituída por Deus, se requer de direito divino a unidade de governo, que realiza a unidade da comunhão. De fato, de ser pleno e soberano o poder de Pedro e de seus sucessores não se deve deduzir, porém, que seja o único. Pois aquele que constituiu Pedro como fundamento da Igreja também escolheu "doze ... aos quais deu o nome de Apóstolos" (Lc 6,13). Assim, *do mesmo modo que a autoridade de Pedro deve permanecer perpetuamente no Romano Pontífice, assim os bispos, que sucedem os Apóstolos, herdam deles o poder ordinário, de sorte que a ordem episcopal necessariamente faz parte da constituição íntima da igreja [sic]*. E ainda que a autoridade dos bispos não seja plena, nem universal, nem soberana, *não devem ser*

considerados meros vigários dos Romanos Pontífices, pois possuem uma autoridade que lhes é própria e são chamados segundo toda a verdade prelados ordinários dos povos que governam. Ora, quanto à ordem dos bispos, deve-se pensar que então está devidamente unida a Pedro, como Cristo ordenou, quando *está submissa e obedece a ele*; caso contrário, necessariamente, se dilui numa multidão confusa e perturbada (LEÃO XIII, 1896, grifos nossos).

A postura de Leão XIII é moderada porque, sem cometer anacronismos, se de um lado ele parece se abrir àquilo que, hoje, se chama de colegialidade, de outro ele ainda utiliza expressões do tipo *submissão* e *obediência*, que poderiam ser interpretadas como uma espécie de freio à missão dos bispos que, em suas dioceses, deveriam tão somente reproduzir as ordens vindas do papa.

A aspiração a uma reforma da Igreja, sempre presente em todas as épocas, não tinha desaparecido nos últimos anos do século XIX e início do século XX (MARTINA, 2014, pp. 73-74). Os "aspirantes" a essa reforma, diante de papados que não pretendiam dialogar de forma nenhuma com a sociedade, pautaram-se nos ideais de um movimento que, depois, também foi condenado pela Igreja: o *modernismo*, cujo início se situa em torno de 1890 e se estende até 1914. Na verdade, não se chegou a formar um movimento organizado, mas algumas personalidades de destaque elaboraram uma cultura atenta à modernidade e aos problemas sociais, com o objetivo de abrir o cristianismo às exigências filosóficas e históricas do mundo moderno (ZAGHENI, 1999, p. 254). Para realizar esse encontro com o mundo, as novas

A REFORMA DO PAPADO

ideias amadurecidas na pesquisa histórica, filológica e arqueológica foram aplicadas à Teologia e à Sagrada Escritura – o que não foi bem compreendido e aceito pela Igreja.

Leão XIII, porém, faleceu no dia 20 de julho de 1903. No dia 31 daquele mesmo mês, o conclave se reuniu e elegeu o cardeal José Melchior Sarto (1835-1914), que escolheu o nome de Pio X, beatificado pelo Papa Pio XII no dia 3 de junho de 1951 e canonizado em 29 de maio de 1954.

Na perspectiva *ad extra*, Pio X retornou à linha de Pio IX já na sua primeira encíclica, *E supremi* (1903): "Antagonismo e fechamento ao mundo, condenação dos seus erros, rejeição do diálogo, reafirmação clara e peremptória da verdade católica, como único âncora da salvação, com o escopo de *instaurare ominia in Christo*" (MONDIN, 2007, p. 619). Para tudo restaurar em Cristo, segundo o papa, a solução seria a adequada formação do clero, tanto em nível intelectual quanto espiritual. Dirigindo-se aos bispos, Pio X pediu: "A maior parte da sua atenção deve ser dirigida para a organização e o governo dos seminários sagrados como convém, para que possam florescer igualmente na integridade da doutrina e na santidade da moral" (PIO X, 1903. Tradução nossa).

A atitude de fechamento da Igreja em relação à sociedade se resumiu, basicamente, na condenação ao modernismo: primeiro, no dia 3 de julho de 1907, com o decreto *Lamentabili*, no qual Pio IX elencava 65 proposições modernistas, condenando-as no sentido entendido pelo magistério, sem indagar se outras interpretações eram possíveis e se essas tinham defensores. Dentre as proposições condenadas, estavam: "Simão Pedro nem sequer jamais suspeitou que por Cristo lhe fora confiado o primado da Igreja" (n. 55) e "Não foi por ordenação divina, mas pelas meras condições políticas que a Igreja romana se tornou cabeça das Igrejas" (n. 56). Ambas as proposições visavam olhar o papado em perspectiva de construção histórica, mas o papa as condenou (DS 3455-3456). Ainda em relação ao modernismo, no dia 8 de setembro de 1907 o papa publicou a encíclica *Pascendi dominici gregis*, na qual expôs e refutou as ideias modernistas (ZAGHENI, 1999, p. 258). Em 1910, com o *Motu proprio Sacrosanctum antistitum*, foi imposto o juramento antimodernista aos professores; houve visitas apostólicas nos seminários italianos, com relatórios pesados por parte dos visitadores. Acusações, naquele contexto, eram comuns.[1]

Ad intra, o Papa Pio X realizou reformas diversas que visavam intensificar a vida de piedade, entre elas a comunhão infantil (festa da primeira comunhão), ensino mais intenso do catecismo, mais dedicação à preparação do sermão e reorganização dos seminários. A reformulação do direito canônico no CIC (1917) também se deveu, em grande parte, a Pio X, que conseguiu realizar uma reforma da cúria para torná-la mais enxuta e eficiente. À época, a secretaria de Estado transformou-se em "superministério", e foram criadas onze congregações, três tribunais – entre eles, a Rota

---

[1] Anos depois, o Papa João XXIII (1958-1963) foi visitar o Santo Ofício e encontrou o seu dossiê pessoal, onde se lia: "Esse Roncalli permanece sempre como suspeito de modernismo". João XXIII fez a seguinte anotação: "Eu, Roncalli, Papa João XXIII, posso lhes assegurar que nunca fui modernista" (SOUZA; GONÇALVES, 2013, p. 100).

A REFORMA DO PAPADO

Romana – e cinco ofícios. Aliás, em 1913 o papa determinou que a Congregação do Santo Ofício recebesse o adjetivo "suprema" (WOLF, 2017, pp. 159-160).

No dia 20 de agosto de 1914, Pio X faleceu. O conclave para eleger seu sucessor se reuniu em Roma um mês depois do início da Primeira Guerra Mundial (1914-1918), iniciando seus trabalhos no dia 31 de agosto. No dia 3 de setembro, foi eleito o cardeal Tiago Della Chiesa (1854-1922), que assumiu o nome de Bento XV (1914-1922). Seu programa de pontificado, a Carta Encíclica *Ad beatissimi apostolorum*, do dia 1º de novembro de 1914, foi quase ditado pelas circunstâncias da época: a calamidade da guerra e a "crise modernista". Ainda que sem sucesso, Bento XV envolveu-se na mediação da Primeira Guerra Mundial. Bento XV não se cansou de afirmar, em diversas ocasiões, a sua indignação e incansável amargura. A guerra lhe parecia não só um "inútil massacre" (1º de agosto de 1917) como também o "suicídio da Europa civil" (4 de março de 1916), "a mais tenebrosa tragédia da loucura humana" (4 de dezembro de 1916) (MARTINA, 2014, p. 134).

O caos da guerra mostrava que os principais valores da modernidade estavam em crise: a absolutização moderna da razão, do progresso, da nação e da indústria, nas quais as "crenças" haviam repousado de modo bastante sólido, fracassara (SOUZA; GONÇALVES, 2013, p. 101).

Bento XV foi o papa que concluiu a reforma canônica, iniciada por Pio X, sancionando, em 1917, o Código Pio--Beneditino. No dia 22 de janeiro de 1922, faleceu. O conclave, de somente 43 cardeais, reuniu-se no dia 2 de fevereiro para escolher seu sucessor. Na 14ª votação, foi eleito o cardeal de Milão, Aquiles Ratti (1857-1939), que tomou o nome de Pio XI (1922-1939). Rompendo a tradição inaugurada pelo Papa Leão XIII que, na linha de Pio IX, também se reconheceu como prisioneiro da Itália, Pio XI apareceu na *loggia* externa da Basílica de São Pedro, dando a bênção *urbi et orbi*.

De fato, a obra mais memorável do pontificado de Pio XI foi a conciliação com o Reino da Itália, conseguida depois de negociações secretas já iniciadas com Bento XV. No dia 11 de fevereiro de 1929, o ditador italiano Benito Mussolini (1883-1945) e o secretário de Estado da Santa Sé, Pietro Gasparri (1852-1934), assinaram os Pactos de Latrão, que consistiam em três documentos: o tratado (lateranense) que regulava politicamente a Questão Romana, a "convenção financeira" e a Concordata. A confissão católica foi reconhecida como a única religião do Estado da Itália, a soberania da Santa Sé ficou confirmada e se fundou o Estado do Vaticano. Ao mesmo tempo, o papa se comprometeu a manter estrita neutralidade, declarou a Questão Romana definitivamente resolvida e reconheceu o Reino da Itália com Roma como sua capital.

O pontificado de Pio XI, porém, precisa ser compreendido dentro dos acontecimentos políticos de seu tempo, sobretudo a opressão sofrida pela humanidade pelos totalitarismos, as profundas diferenças ideológicas, que tornaram particularmente dura a guerra civil, e os valores cristãos e a Igreja hostilizados e perseguidos (SOUZA; GONÇALVES, 2013, p. 103).

Em sua encíclica programática, chamada *Ubi arcano Dei consilio* (1922), na linha de seus predecessores, Pio XI deixava

A REFORMA DO PAPADO

claro que, diante dos males da sociedade, a única solução seria o apelo a motivações de caráter religioso e moral, ou seja, o problema era o afastamento de Deus por parte da sociedade e a rejeição da autoridade da Igreja. Esta última, por sua vez, sendo a sociedade perfeita, depositária e intérprete do pensamento divino, era também mestra e guia de todas as sociedades. Logo, a paz interna só retornaria se se voltasse a confiar nos princípios de Cristo – daí seu lema "A paz de Cristo no Reino de Cristo" (ZAGHENI, 1999, p. 263).

Os anos que se sucederam ao pontificado de Pio XI podem ser acompanhados através de suas encíclicas mais marcantes: primeiro, a *Mortalium animos* (1928), na qual esclareceu a posição da Igreja em relação ao movimento ecumênico, que, sendo de iniciativa protestante, de acordo com o papa estava baseado no indiferentismo e no relativismo religioso; depois, a *Quadragesimo Anno* (1931), celebrando os 40 anos da encíclica *Rerum Novarum*, de Leão XIII, e que representou uma resposta aos problemas postos pelos regimes totalitários; em seguida, a *Mit brennender Sorge* (1937), dirigida contra os crimes do nazismo, na qual o papa deplorou a doutrina contrária ao cristianismo e o comportamento desumano do regime nacional-socialista, em um momento em que praticamente toda a Europa dobrava-se diante do ditador alemão, Adolf Hitler (1889-1945); e, por fim, a *Divini Redemptoris* (1937), contra o comunismo (SOUZA; GONÇALVES, 2013, p. 104).

Uma decisão importante de Pio XI foi o incentivo ao laicato, através da Ação Católica, ainda que esta fosse compreendida como um braço da hierarquia. Os leigos da

Ação Católica levaram os colegiais (JEC), os universitários (JUC), os operários (JOC, ACO), o mundo rural (JAC) e pessoas dos meios independentes (JIC) a se inserirem nos seus ambientes específicos, a tal ponto que eles trouxessem para a Igreja toda a problemática e a reflexão moderna que se vivia em seus próprios contextos (SOUZA; GONÇALVES, 2013, pp. 103-104). Na verdade, a Ação Católica terminou por "introduzir a modernidade dentro da Igreja" (LIBANIO, 2005, p. 35) e fez com que, aos poucos, a concepção de clero e leigo separado fosse se modificando. De certa forma, o incentivo à Ação Católica lançou raízes para uma renovação da eclesiologia, na medida em que valorizou o papel do leigo na Igreja.

Pio XI faleceu no dia 10 de fevereiro de 1939. À época, o seu secretário de Estado, o cardeal Eugênio Pacelli (1876-1958), era o candidato mais conhecido, e, no colégio cardinalício, havia uma concepção clara de que ele era o nome mais adequado para guiar a Igreja através das dificuldades de uma nova guerra iminente. O conclave durou apenas um dia: na terceira votação, Pacelli foi eleito e assumiu o nome de Pio XII (1939-1958), que "representava a encarnação do papado em toda a sua dignidade e superioridade" (SOUZA, 2004, p. 20).

Sobre Pio XII, é difícil formular um juízo equilibrado, e por três razões: pela enorme capacidade de trabalho, que o levou a fazer diversas intervenções magisteriais; pela difamação que sofreu, em especial pela campanha ideológica desencadeada contra seu modo de proceder em relação ao nazismo e ao fascismo; e, por último, pelo fato de, a todo tempo, ele ser contraposto à figura de sucessor, o Papa João XXIII (1958-1963) (ZAGHENI, 1999, p. 306, nota 5).

Todavia, seu pontificado pode ser tido como o último da era antimoderna, uma vez que constou de diversos aspectos autoritários, rejeitando as doutrinas evolucionistas, existencialistas e historicistas, sem contar as suas intervenções na teologia católica, como as censuras feitas a Maritain (1882-1975), Congar (1904-1995), Chenu (1895-1990), De Lubac (1896-1991), Mazzolari (1890-1959), Milani (1923-1967) e aos padres operários franceses. As principais encíclicas de Pio XII foram *Mystici corporis* (1950), que tratava da identidade e do ornamento da Igreja com combate à *nouvelle théólogie* (nova teologia), e *Humani generis* (1950), que determinava sua posição em relação à moderna teoria evolucionista. Pio XII foi o papa que, em 1950, proclamou o dogma da Assunção de Nossa Senhora, fazendo uso da infalibilidade papal (SOUZA, 2004, p. 22).

Em geral, o pontificado de Pio XII deixou uma herança teológica especialmente nos campos bíblico e litúrgico, fazendo-os avançar, ainda que, em outros aspectos, especialmente na perspectiva dogmática, tenha seguido muito mais a linha da "vigilância". Aliás, a própria concepção da Igreja como Corpo Místico de Cristo pareceu, de certa forma, estacionar a perspectiva eclesiológica. Aos poucos, porém, a tendência tridentina foi se tornando minoria e os pilares para o diálogo com a modernidade foram sendo postos, até porque a própria situação mundial e eclesial pedia novidades. Pio XII até que via as reformas de forma positiva, mas sua atitude demonstrou uma prudência exagerada.

Pio XII faleceu no dia 9 de outubro de 1958, no palácio apostólico de Castel Gandolfo. No elogio fúnebre, pronunciado pelo cardeal Roncalli (1881-1963) na Basílica de São Marcos, ouviu-se:

> Ó! Magistério de Pio XII! As vozes que a notícia da sua morte suscitou e continua suscitando, antes de tudo convêm sobre a importância, sobre a beleza variada e harmoniosa, sobre a riqueza desse grande *mestre da fé,* cuja profusão, emulando os grandes acontecimentos dos Padres e dos Doutores da Igreja antiga, soube equiparar-se às condições mais modernas do pensamento e dominá-lo no respeito à herança doutrinal dos antecessores e juntamente acrescendo-lhe o sagrado patrimônio em benefício da civilização humana e cristã para o progresso dos povos [...] (RONCALLI apud MONDIN, 2007, p. 684).

Àquela altura, Roncalli parecia não imaginar que seria o próximo papa.

3.2 O Concílio Ecumênico Vaticano II (1962-1965)

Duas semanas depois da morte de Pio XII, na tarde do dia 25 de outubro de 1958, entraram em conclave 51 cardeais, dos quais 17 eram italianos. No dia 28 de outubro, na undécima votação, foi eleito o patriarca de Veneza, Ângelo Giuseppe Roncalli, que assumiu o nome de João XXIII. As motivações para a escolha do nome foram diversas: primeiro, era o nome de seu pai; segundo, eram numerosas as catedrais com este título, inclusive a de Latrão; terceiro, as referências estarem em João Batista e no evangelista João.

Até aquele momento, dos 22 papas com o nome de João, quase todos haviam tido um pontificado breve.

Àquela altura, a escolha de um cardeal com 77 anos de idade pareceu uma solução transitória. Souza e Gomes relatam que sua eleição se deveu também ao apoio dos cardeais franceses, embora o ponto de equilíbrio pode ter sido sua obediência quase submissa ao seu antecessor, o Papa Pio XII, o que agradava à Cúria Romana e a ala conservadora (SOUZA; GOMES, 2014, pp. 14-15).

3.2.1 O Papa João XXIII: o anúncio e o início dos trabalhos

João XXIII, na linha de seus predecessores, procurou defender a religião do ateísmo, embora sua posição tenha sido diferente: maior tolerância e diálogo. A grande prova foi, sem dúvidas, quando, no dia 25 de janeiro de 1959, na conclusão da semana de oração pela unidade dos cristãos, o papa fez um anúncio que surpreendeu a todos:

> Pois bem, Veneráveis Irmãos e Amados Filhos, recordando a dupla tarefa confiada a um Sucessor de São Pedro, surge imediatamente a sua dupla responsabilidade de Bispo de Roma e Pastor da Igreja Universal. Duas expressões de uma mesma investidura sobre-humana: duas atribuições que não podem ser separadas, que devem ser compostas entre si, para o encorajamento e edificação do clero e de todo o povo cristão. [...] Pronunciaremos perante vós, certamente com um pouco de emoção, mas juntamente com humilde resolução de propósito, o nome e a proposta de uma dupla celebração: de um *Sínodo Diocesano* para a Cidade [de Roma] e de um *Concílio Ecumênico para a Igreja universal*. [...] Eles levarão a feliz e tão esperada *atualização do Código de Direito Canônico*, que deve acompanhar

e coroar estes dois ensaios de aplicação prática da disciplina eclesiástica, que o Espírito do Senhor nos estará sugerindo ao longo do caminho. [...] Hoje, basta esta comunicação feita a todo o Sagrado Colégio aqui reunido, reservando-se o direito de a transmitir aos demais cardeais que regressaram às várias sedes episcopais que lhe foram confiadas, espalhadas pelo mundo (JOÃO XXIII, 1959).

Alguns viram em João XXIII a promessa de uma renovação já esperada há bastante tempo; outros valorizaram a possibilidade de colocar no primeiro plano o problema da unidade dos cristãos; e outros destacaram a oportunidade de uma relação da Igreja com a sociedade pautada na fraternidade, e não mais na contraposição.

Apesar de Caprile (apud SOUZA; GOMES, 2014, p. 16) destacar que não há fonte alguma de que João XXIII tenha convocado o Vaticano II como uma espécie de desdobramento de um Concílio já pensado pelo seu antecessor, Alberigo (1995, p. 394) escreve que, desde Bento XV, todos os papas tinham pensado na eventualidade de uma reabertura do Concílio Vaticano. João XXIII, porém, amadurecera sozinho a decisão, e não reconvocando o Vaticano I, mas deixando claro a seu secretário de Estado, no dia 14 de julho de 1959, que o Concílio se chamaria *Vaticano II*, e com uma impostação diferente. João XXIII foi, portanto, firmando a fisionomia do Concílio como um evento pastoral de toda a Igreja, em transição de uma época histórica para outra:

> [...] Não se trataria de um "concílio de união" entre as tradições cristãs divididas, como se chegou a falar, embora o Papa João repetisse várias vezes que o evento conciliar deveria marcar

A REFORMA DO PAPADO

uma virada na disposição católica de se envolver no processo ecumênico; o secretariado instituído em 1960 era o eixo institucional dessa linha. Um segundo traço característico referia-se à "pastoralidade" do Concílio, como superação da dicotomia doutrina-disciplina, favorecendo uma consideração global das exigências da Igreja, no seu interior e nas suas relações com a sociedade; daí derivava uma indisponibilidade à definição de novos dogmas, bem como à decretação de novas condenações. Enfim, a terceira característica referia-se à efetiva liberdade do Concílio, em que os bispos deveriam ser os verdadeiros protagonistas, saindo da atitude passiva que – sobretudo depois das definições de 1870 – caracterizava o episcopado católico (ALBERIGO, 1995, p. 397-398).

Na Constituição Apostólica *Humanae Salutis* (1961), com a qual convocou o Concílio Ecumênico Vaticano II, João XXIII escreveu:

[...] Por isso, obedecendo a uma espécie de instinto do alto ou a uma voz interior, julgamos ter chegado o momento de proporcionar à Igreja Católica e a toda família humana a oportunidade de um novo Concílio Ecumênico, continuando a série dos vinte primeiros, que tanto contribuíram no decurso dos séculos para o florescimento da graça divina entre os fiéis e para o progresso do cristianismo. A alegria que tal notícia suscitou no mundo inteiro entre os católicos, as interruptas preces que toda a Igreja tem elevado a Deus nessa intenção, em todo o globo terrestre, os estudos que já se fizeram em vista da preparação de tão significativa assembleia, a atenção e a expectativa que o Concílio desperta entre os cristãos separados da comunhão romana, tudo isso constitui um conjunto de indícios inequívocos da grandeza e da oportunidade de tal evento (JOÃO XXIII, 2007, pp. 13-14).

As palavras-chave do Concílio eram *aggiornamento* (palavra italiana para atualização ou modernização), desenvolvimento (desdobramento ou evolução, por vezes equivalente a progresso) e *ressourcement* (regresso às fontes). De fato, havia uma suposição básica que sustentava o uso destes três modos em que a mudança poderia ocorrer: "A tradição católica era mais rica, mais ampla e mais maleável do que aquilo que, no passado, dela frequentemente se pensara" (O'MALLEY, 2020, p. 42).

Dos três termos, tanto os intérpretes do Concílio quanto os meios de comunicação invocavam com mais frequência o *aggiornamento*, especialmente porque o próprio Papa João XXIII foi quem o atribuiu e utilizou no discurso de abertura do Concílio. Apesar do termo em si mesmo não ter nada de novo, no que diz respeito ao Vaticano II trata-se de uma novidade em quatro aspectos: primeiro, algumas das mudanças foram em instâncias que, para a grande maioria católica, pareciam ser normativas, como a liturgia em latim, e por isso tiveram um impacto surpreendente; segundo, porque nenhum Concílio anterior usara *aggiornamento* como princípio amplo, mas sim como rara exceção; terceiro, o Vaticano II trabalharia com certas suposições e valores culturais do chamado "mundo moderno", como liberdade, igualdade e fraternidade, que derivavam do iluminismo e que o Vaticano I rechaçara completamente; por último, a reconciliação deliberada da Igreja com certas mudanças que ocorreram fora dela proporcionou um ponto de entrada para uma compreensão mais dinâmica de como a Igreja funcionava (O'MALLEY, 2020, pp. 42-43).

Para o conceito de *desenvolvimento*, o dinamismo foi mais relevante, porque significava pôr em movimento. Tratou-se, portanto, de um processo de acumulação, às vezes também de redução, pelo qual a tradição da Igreja se tornou mais rica ou talvez mais clara do que antes. O desenvolvimento exigia progresso. A Constituição Dogmática *Dei Verbum*, neste espírito, destacou que a tradição da Igreja decorrente dos apóstolos gera progresso na Igreja e cresce (DV 8); logo, a tradição não é inerte, mas dinâmica. De igual modo, falava-se que a Igreja precisava regressar às fontes (*ressourcement*), nas quais encontraria as verdades fundamentais que a poderiam guiar na situação atual. No fundo, o desenvolvimento e o *ressourcement* tratavam da memória corporativa e constitutiva da identidade da Igreja: enquanto o desenvolvimento sugeria um movimento ao longo de determinado caminho, o *ressourcement* dizia que já não se podia seguir o caminho ora dado; ou seja, era um convite a retornar para seguir um caminho diferente e melhor (O'MALLEY, 2020, pp. 43-44).

Em termos de prioridade, porém, se assim se pode dizer, não há dúvidas de que foi o *aggiornamento*:

> Nosso dever, porém, *além de conservar os preciosos tesouros do passado*, leva-nos com alegria e coragem, a *insistir no que hoje exigem os tempos*, continuando a caminhada desses vinte séculos de Igreja. Portanto, o *principal objetivo do trabalho conciliar não é o de discutir princípios doutrinais*, retomando o que padres e teólogos, antigos e novos, ensinaram, que todos sabemos e está profundamente gravado em nossas mentes. Para isso não seria preciso um Concílio Ecumênico. Hoje, é necessário que *toda a doutrina cristã, integralmente, sem nenhuma omissão, seja proposta*

de um modo novo, com serenidade e tranquilidade, em vocabulário adequado e num texto cristalino, como se procurou fazer em Trento e no Vaticano I, e como ardentemente desejam todos os cristãos católicos e apostólicos (JOÃO XXIII, 2007, p. 31, grifos nossos).

Nesta perspectiva, o tema da reforma da Igreja, em um aspecto mais geral, voltou à tona. "Breve, João XXIII deixou claro duas exigências para os padres conciliares: tornar a Igreja ecumênica e mais próxima da vida de homens e mulheres, o que implicava uma ampla renovação, uma ampla reforma" (BRITO, 2015, p. 813).

O curioso, se comparado à preparação do Vaticano I, é que à custa de muito esforço e através de nomeações sucessivas durante a fase preparatória, a composição das comissões que preparam os trabalhos foi tirada do monopólio curial, de modo que aí puderam trabalhar tanto bispos do mundo todo quanto teólogos de escolas diferentes da romana, inclusive alguns que Pio XII havia punido (ALBERIGO, 1995, p. 397).

A sessão solene de abertura do Concílio foi celebrada a 11 de outubro de 1962, quando o Papa João XXIII fez o motivador discurso que "é de fundamental importância e exerceu profunda influência na redação de todos os documentos conciliares" (SOUZA, 2013, p. 75), e isso por três razões: primeiro, por se voltar aos que João XXIII chamou de "profetas da desgraça", que viam no mundo moderno somente um declínio sem fim; segundo, como já dito, porque não se tratava de discussão da doutrina, mas sim de pensar em como transmiti-la de acordo com a realidade moderna;

A REFORMA DO PAPADO

terceiro, porque, apesar de sempre a Igreja ter condenado os erros, agora ela se voltava como uma mãe amorosa. Cerca de 2.500 padres conciliares, auxiliados por diversos teólogos, os chamados "peritos", começaram os trabalhos.

3.2.2 A continuação do Concílio por Paulo VI

Entre os numerosos esquemas a serem discutidos, nenhum foi concluído durante o primeiro período das sessões. O Papa João XXIII, no discurso de encerramento da primeira fase dos trabalhos, no dia 8 de dezembro de 1962, assim se expressou:

> Na primeira sessão, a porta foi se abrindo aos poucos, até que se chegasse ao âmago das questões. Era o começo. [...] Como sabem, resta-nos ainda um longo caminho a percorrer. O supremo pastor da Igreja pensa em cada um de vocês, empenhados nos trabalhos pastorais que, na realidade, são o objetivo do Concílio. Há três aspectos que marcam o Concílio: seu magnífico início, que abriu as portas numa determinada direção, a continuação dos trabalhos que serão desenvolvidos com entusiasmo nos próximos meses, e os frutos tão desejados de fé, esperança e amor, que esperamos se multipliquem para toda a família humana. Esses três aspectos denotam bem a importância do Concílio (JOÃO XXIII, 2007, p. 44).

No entanto, nos primeiros meses de 1963, o estado de saúde do Papa João XXIII se agravou. No dia 3 de junho de 1963, ele faleceu. Todavia, João XXIII "abriu a Igreja para uma nova era, dando o impulso necessário para uma renovação da Igreja orientada nos temas centrais da unidade e do amor" (PILVOUSEK, 2017, p. 356).

O conclave para eleger o sucessor de João XXIII se reuniu de 19 a 21 de junho, e elegeu o então arcebispo de Milão, Giovanni Batista Montini (1897-1978), que escolheu o nome de Paulo VI (1963-1978). A questão que se colocou foi: o processo iniciado pelo Vaticano II seria levado adiante ou não? Na verdade, quando da eleição de Montini, o colégio estava dividido entre os que queriam mudar o rumo progressista do Concílio e os que queriam ver o projeto de João XXIII completado. A referência do primeiro grupo era o cardeal Giuseppe Siri (1906-1989),[2] de Gênova, que fora feito cardeal aos 45 anos pelo Papa Pio XII. No conclave, 81 cardeais eram elegíveis para votar. O futuro papa precisaria de, ao menos, 54 votos, uma vez que Pio XII mudara a regra e eram necessários dois terços mais um. Somente no quinto escrutínio que Montini alcançou 57 votos e foi eleito.[3]

---

[2] O cardeal Siri havia apoiado a eleição de João XXIII, em 1958. Agora, porém, considerava o pontificado dele um desastre e dizia que a Igreja levaria quatro séculos para se recuperar. Aliás, logo na abertura do conclave, Amleto Tondini (1899-1969), latinista que tinha o título oficial de secretário dos Breves Latinos, atacou o falecido papa, lançando dúvidas sobre o aplauso entusiasta que João XXIII recebera de todo o mundo. Perguntou: "Esse aplauso veio de pessoas que eram fiéis verdadeiros, que aceitavam todos os ensinamentos dogmáticos e morais da Igreja?" (MCBRIEN, R. P., 2013, p. 382). No fundo, Tondini fazia votos de que o Concílio prosseguisse, mas que "fosse guiado com mão firme para sua verdadeira finalidade: o renovamento da vida religiosa dos indivíduos e das massas" (MARTINA, G., 2014, p. 300).

[3] É bom destacar que Montini foi eleito somente com três votos a mais que o exigido. Cerca de 22 a 25 cardeais, cuja maioria era composta de prelados da Cúria, recusaram-se a votar nele, mesmo quando, naquele momento do conclave, sua eleição parecia estar já assegurada, uma vez que, no escrutínio anterior, ele já tivera uma quantidade expressiva de votos (MCBRIEN, R. P., 2013, p. 383).

A REFORMA DO PAPADO

Na sua primeira mensagem, no dia 22 de junho, para já traçar o perfil do seu pontificado, Paulo VI resgatou seus predecessores imediatos: Pio XI, a quem se referiu com "uma força de alma indomável"; Pio XII, que teria "enriquecido a Igreja com a luz de um ensinamento cheio de sabedoria"; e João XXIII, que teria dado "ao mundo o exemplo de sua bondade singular" (PAULO VI, 1963). De certa forma, a retomada dos papas anteriores a João XXIII já demonstrava a sua postura: aberta, de um lado; mas ponderada, de outro.

> A parte mais importante de nosso pontificado será ocupada pela continuação do Concílio Ecumênico Vaticano II. Esta será a principal obra à qual queremos consagrar todas as energias que o Senhor nos deu para que a Igreja Católica, que brilha no mundo como a bandeira erguida sobre todas as nações distantes, possa atrair todos os homens pela majestade de seu organismo, pela juventude de seu espírito, pela renovação de suas estruturas, pela multiplicidade de suas forças, de modo que venham *ex omni tribo et lingua et populo et natione*. Este será o primeiro pensamento do ministério pontifício, para que seja proclamado cada dia mais alto na face do mundo que só no Evangelho de Jesus a salvação é esperada e desejada, "porque não há outro nome sob o céu dado a homens por ele, que deveriam ser salvos" (PAULO VI, 1963).

No dia 27 de junho, o secretário de Estado anunciou que o papa fixara a data para a retomada dos trabalhos: 29 de setembro. Paulo VI adiou-a somente por duas semanas, que foi o período em que durou a vacância da sede de Roma. É preciso levar em conta que Paulo VI teve longa carreira diplomática, sendo, inclusive, subsecretário de Estado do Papa Pio XII. Na secretaria de Estado, porém, trabalhara ao todo por cerca de trinta anos. Nesse sentido,

Paulo VI procurou atuar como conciliador, e mesmo apoiando a orientação reformista e enxergando as possibilidades de um recomeço, chamou também a atenção para os riscos potenciais inerentes a este processo fazendo concessões aos círculos conservadores, se necessário até sem tomar em consideração as opiniões do plenário. Agiu, contudo, contra a preservação do *status quo*. Por um lado, acentuava a liberdade do Concílio, mas por outro lado não deixava de lembrar que ele próprio, como papa, não se sentia comprometido com as decisões tomadas pela maioria (PILVOUSEK, 2017, p. 356).

Paulo VI, já no discurso de abertura do segundo período conciliar, em um trecho em memória a João XXIII, deixou claro que não apoiava a visão maximalista, ainda presente em alguns, acerca do dogma da infalibilidade papal: "Sua atitude [de João XXIII] desfez as inúmeras incompreensões que se haviam apoiado no último Concílio, como se bastasse o poder supremo do pontífice romano, conferido por Cristo, para governar a Igreja" (PAULO VI, 2007, p. 47).

Foi durante esse segundo período do Concílio, para o qual Paulo VI fixou como objetivos "a exposição da teologia da Igreja, a sua renovação interior, a promoção da unidade dos cristãos e, enfim, o diálogo com o mundo contemporâneo" (ALBERIGO, 1995, p. 410), que surgiu a demanda pela constituição de um organismo que fosse constituído pelos bispos, para colaborar estreita e frequentemente com o papa nos problemas relativos ao conjunto da Igreja. A proposta inspirava-se no desejo de ajudar o papa no seu ofício, com o conselho e o consenso de uma representação dos bispos, superando-se assim o exagerado isolamento do pontífice, que, após o Vaticano I, havia se acentuado. Nesse espírito,

A REFORMA DO PAPADO

Paulo VI se decidiu, em 1965, pela constituição do *Sínodo dos Bispos* como representação do episcopado, com função consultiva em relação ao papa e que deveria se reunir a cada dois ou três anos para formular propostas sobre temas determinados pelo próprio bispo de Roma.

Uma questão importante que se colocou ao final da primeira sessão, quando se aprovou os primeiros documentos do Concílio – a constituição sobre a liturgia *Sacrosanctum concilium* e o decreto sobre os meios de comunicação social *Inter mirifica* –, foi a da fórmula com a qual o papa aceitaria as decisões do Concílio. A mudança foi significativa: o regulamento conciliar previa a mesma já usada por Pio IX no Vaticano I, segundo a qual o papa, com o concurso do voto do Concílio, aprovava e promulgava os textos. Paulo VI, porém, julgando inoportuna a fórmula à luz da nova consciência eclesiológica que emergia pela grande maioria dos padres, aceitou uma proposta elaborada por um restrito grupo de peritos e, depois de invocar a Trindade, afirmou:

> Tudo o que consta nessa constituição obteve parecer favorável dos padres conciliares. Nós, em virtude do poder apostólico que nos foi delegado, juntamente com os padres conciliares, no Espírito Santo, aprovamos, decidimos e estatuímos o que foi estabelecido em Concílio, e mandamos que seja promulgado, para a glória de Deus (LG 69).

Desse modo, ao todo, o Concílio promulgou, até a véspera de sua clausura, no dia 8 de dezembro de 1965, quatro constituições, nove decretos e três declarações.

3.2.3 A compreensão da função do papa nos documentos conciliares

É importante frisar, acima de tudo, que os documentos conciliares foram todos guiados pelo tema da reforma da Igreja (FELLER, 2014, p. 22). No decreto *Unitatis Redintegratio*, sobre o ecumenismo, foi afirmado explicitamente o *Ecclesia semper reformanda*: "Toda a renovação da Igreja consiste essencialmente numa fidelidade maior à própria vocação. [...] A Igreja peregrina é chamada por Cristo a essa reforma perene" (UR 6). De igual modo, na Constituição Dogmática *Lumen Gentium*, sobre a Igreja, ao falar sobre a dimensão visível e espiritual da Igreja, afirma-se: "A Igreja, porém, tendo em seu seio pecadores, é ao mesmo tempo santa e está em constante purificação, não deixando jamais de fazer penitência e de buscar sua própria renovação" (LG 8).

No que diz respeito ao papa e sua respectiva função, uma primeira realidade a se destacar é a separação feita por Silva (2015, p. 708), que constatou que o termo "papado" não aparece nos textos conciliares. "Papa", porém, aparece seis vezes (três na *Lumen Gentium*; duas na *Nota Prévia*; uma na *Christus Dominus*). "Romano Pontífice" é citado vinte vezes em *Lumen Gentium* e nove em *Christus Dominus*; "Sucessor de Pedro", onze vezes em *Lumen Gentium* e uma vez em *Christus Dominus*; "Sumo Pontífice" nove vezes em *Lumen Gentium* e seis vezes em *Christus Dominus*. Ainda emergiram os termos "Cabeça do Colégio", três vezes em *Lumen Gentium*, e "Supremo Pastor", uma vez em *Lumen Gentium*. A expressão "bispo de Roma" apareceu somente uma vez, em um inciso histórico, na *Lumen Gentium*.

A REFORMA DO PAPADO

Na Constituição Dogmática *Lumen Gentium*, sobre a Igreja, ao se introduzir o tema da constituição hierárquica da Igreja, resgatou-se o ensinamento do Vaticano I: "O Concílio reafirma junto a todos os fiéis e declara, como doutrina em que se deve crer firmemente, a instituição, a perpetuidade, a importância e a razão do primado pontífice romano e de seu magistério infalível" (LG 18). No entanto, o Concílio, ao se preocupar com o tema do episcopado, lacuna que ficara aberta desde os trabalhos do Vaticano I, também levantou a importância da colegialidade, que "é um tema importante e um difícil legado [sic] pelo Concílio Vaticano I ao último Concílio" (JOSAPHAT, 2015, p. 149), cuja definição e conteúdo surgiam como um desafio provindo da definição isolada do primado e da infalibilidade do papa, em 1870.

Ainda assim, o Vaticano II afirmou:

> Esse colégio, o corpo dos bispos, não tem nenhuma autoridade senão em conjunto com o pontífice romano, sucessor de Pedro e cabeça do colégio, que mantém integralmente a autoridade do primado sobre todos os pastores e fiéis. Em virtude de sua função de vigário de Cristo e pastor de toda a Igreja, o pontífice romano tem o poder supremo e universal, que pode exercer sempre, livremente. A ordem episcopal, sucessora do colégio apostólico no magistério e no governo pastorais, por intermédio da qual o corpo apostólico mantém sua continuidade, é sujeito do poder supremo e pleno sobre toda a Igreja, em conjunto com sua cabeça, o romano pontífice, e jamais sem ele. Esse poder só é, portanto, efetivamente exercido em consenso com o pontífice romano. [...] O poder supremo deste colégio sobre toda a Igreja se exerce de maneira solene nos concílios

ecumênicos, que nunca se verificam sem o acordo ou, pelo menos, a aceitação do sucessor de Pedro. Convocar, presidir e confirmar tais concílios é prerrogativa do pontífice romano. Os bispos do mundo inteiro exercem o poder colegial, quando chamados pela cabeça do colégio ou quando esta, pelo menos, aprova, acolhe e confere caráter colegial a uma ação conjunta de bispos dispersos pelo mundo (LG 22).

Apesar de destacar a dimensão do colégio, o Concílio é claro no que diz respeito às prerrogativas do papa e, de certa forma, praticamente repete as palavras do Vaticano I – poder supremo e universal, poder supremo e pleno, em consenso –, colocando o colégio em uma condição subalterna à do bispo de Roma, no que diz respeito à solicitude para com a Igreja universal. Isso se verifica pelo fato de que, ao final, o documento afirma que cabe ao pontífice romano aprovar, acolher e conferir o caráter colegial às ações dos bispos.

Apesar de tudo, o Vaticano II conseguiu resgatar a antiga eclesiologia da comunhão, ao trazer o tema da colegialidade, e procurou evitar dois riscos: primeiro, de tornar o papa um mero executor da vontade dos bispos; segundo, de colocar o papa acima ou fora da Igreja, como um monarca absoluto. No entanto, o Vaticano II "fez isso conservando o substrato juridicista do Vaticano I, que dá margem, em última instância, para que haja enaltecimento da figura papal e o consequente monopólio de poder em sua pessoa" (SILVA, 2015, p. 709).

No fundo, a Constituição representava um passo à frente em relação ao Vaticano I e, naturalmente, a algumas posições rígidas do magistério papal presentes nos decênios seguintes, porque, contrariamente às previsões, o documento traçou a fisionomia da Igreja sem se limitar à dimensão jurídico-institucional e respeitando a dinâmica de um corpo vivo e em contínuo crescimento (ALBERIGO, 1995, p. 430).

De fato, o Vaticano II conseguiu, com êxito, desenvolver a sacralidade do episcopado, uma pauta que não fora desenvolvida no século XIX. Nesse sentido, uma pauta imediata ocorrida no Concílio foi "a exclusão da teoria que pensava o múnus episcopal inteiramente derivado do papa" (BRITO, 2015, p. 814). De fato, o Decreto *Christus Dominus*, sobre a função pastoral dos bispos na Igreja, salienta que "os bispos se tornam membros do corpo episcopal em virtude da consagração sacramental hierárquica com a cabeça e os membros do colégio episcopal" (CD 4). Apesar disso, porém, o documento reforça o que já dissera a *Lumen Gentium*, no que diz respeito às prerrogativas do Romano Pontífice.

Um dado a se levar em consideração foi o discurso do Papa Paulo VI na abertura do terceiro período conciliar, no dia 14 de setembro de 1964, quando, falando da relação entre o bispo de Roma e o episcopado, afirmou:

> [...] Os padres do Concílio Vaticano I definiram e declararam os poderes únicos e supremos conferidos por Cristo a Pedro e transmitidos a seus sucessores. Sua declaração não tinha nenhuma intenção de diminuir em nada a autoridade dos bispos, sucessores dos apóstolos. Se assim fosse tornar-se-ia inútil e contraproducente a convocação de outro concílio ecumênico, a que se reconhecesse poder supremo sobre toda a Igreja. [...] Por sermos sucessores de Pedro e termos pleno poder sobre toda a Igreja, somos de fato seu chefe, mas sem nenhuma diminuição de vossa autoridade. Pelo contrário: somos os primeiros a

reconhecê-la. Se por razões inerentes à nossa missão apostólica, reservamo-nos algo que de algum modo limita a autoridade episcopal, será sempre de forma bem definida, dentro de limites preestabelecidos e em vista, como o sabeis, do bem da Igreja e de sua unidade (PAULO VI, 2007, pp. 72-73).

Em novembro do mesmo ano, no encerramento do mesmo período, quando foi promulgada a Constituição Dogmática sobre a Igreja, *Lumen Gentium*, com apenas 5 votos contrários e 2.151 favoráveis,[4] em seu discurso Paulo VI disse:

> [...] Nossa alegria é ainda maior se considerarmos esta sessão conciliar que estamos encerrando. Vêm-nos à mente os assuntos discutidos e o que ficou estabelecido. Discutimos e declaramos a doutrina da Igreja, *completando assim o ensinamento do Concílio Vaticano I.* [...] Queremos confessar uma coisa: fomos nós que quisemos que esta doutrina fosse tão amplamente estudada e discutida e que se chegasse a uma conclusão bastante clara. *Era indispensável completar o Concílio Ecumênico Vaticano I. Era o momento oportuno.* [...] Em virtude da íntima articulação entre episcopado e primado, decorrente da própria natureza da Igreja, o episcopado constitui um corpo único e homogêneo, sujeito ao poder do bispo que é o sucessor de são Pedro, mas esse poder, longe de lhe ser estranho, é da mesma natureza que o episcopado, só que o preside como sua cabeça e centro. Por isso, nosso poder é o vosso, alegramo-nos com seu reconhecimento, proclamamos-lhe a grandeza e procuramos levá-lo à perfeição (PAULO VI, 2007).

---

[4] Almeida escreve que a aprovação se deu no dia 19, e, estando presentes 2.145 votantes, 2.134 foram favoráveis, 10 contrários e 1 nulo (ALMEIDA, 2015, p. 571). Aqui se seguiu a posição de Alberigo (1995, p. 429).

A REFORMA DO PAPADO

A verdade, porém, é que alguns sustentavam que Paulo VI apoiava a posição da maioria sobre a colegialidade, embora não estivesse, ele mesmo, tranquilo em relação a ela. Mesmo assim, o papa fez tudo o que estava ao seu alcance para evitar que a minoria a rejeitasse. Só que, ao mesmo tempo, se conta que, durante o debate sobre a colegialidade, Paulo VI passou muitas noites estudando a questão, para ter certeza de que o que estava sendo discutido não entrasse em conflito com o poder papal, tal como fora definido no Vaticano I. Todo esse esforço transparece na chamada *Nota Explicativa Prévia*, que, na verdade, fazia parte de um dossiê entregue aos padres conciliares e não era um ato do Concílio, não fez parte do documento sobre a Igreja nem foi votada pela assembleia conciliar. No entanto, na ocasião, quando foi anunciado que uma "autoridade superior" determinara que a *Nota* fosse entregue aos padres e que o conteúdo do capítulo terceiro da *Lumen Gentium* deveria ser explicado e compreendido de acordo com o espírito e o sentido da *Nota*, todos entenderam que essa "autoridade superior" era o papa. "Isso mostrava que o papa estava extremamente ansioso e, apresentando esses esclarecimentos, queria tranquilizar a minoria e evitar uma ruptura e um voto negativo mais numeroso" (QUINN, 2002, p. 98).

A questão é que o regulamento do Concílio não previa específicas modalidades de intervenção do papa nos trabalhos conciliares. Por isso, sua eventual ação acabou sendo interpretada com um caráter autoritário, evocando a imagem das recaídas "monárquicas" que deformavam a correta imagem do primado. Atitude semelhante tivera o papa em relação ao Decreto *Unitatis Redintegratio*, sobre o ecumenismo, no qual os padres conciliares foram apenas avisados que, pela "via da autoridade", cerca de vinte modificações haviam sido acrescentadas ao texto. Nesse caso, as mudanças enfraqueceram a redação original, reduzindo o alcance ecumênico do Decreto e provocando uma verdadeira desilusão nos bispos e, sobretudo, nos observadores (ALBERIGO, 1995, p. 427).

Quanto à *Nota*, o anexo parecia um mosaico de proposições tiradas das intervenções feitas no Concílio pelos líderes da minoria, embora, em geral, apenas reforçasse pleonasticamente o que já estava afirmado no capítulo III do esquema *De ecclesia*. Por isso, as proposições que não estavam nessa linha e tendiam a reduzir o alcance do texto conciliar estavam inevitavelmente destinadas à irrelevância, uma vez que o Concílio não foi chamado a manifestar-se sobre a *Nota*.

Logo, apesar de todo o esforço de Paulo VI, o acolhimento, por parte da assembleia, não foi favorável no que diz respeito à *Nota*, porque afinal de contas a doutrina da colegialidade episcopal não era o produto de um golpe contra a autoridade papal, mas resultado conseguido através de um debate amplo e articulado, e com as máximas convergências possíveis (ALBERIGO, 1995, p. 428).

No fundo, porém, papado e episcopado não podem se manter sozinhos. Ambos existem e funcionam no contexto de uma só e mesma realidade, que se denomina "colégio dos bispos". Cada uma existe em comunhão com a outra. Essa autêntica interpretação, já possível no Vaticano I mas não suficientemente clara como no Vaticano II, está enraizada na tradição dos Padres e na história do primeiro milênio.

3.3 O período pós-conciliar

Em uma perspectiva mais aberta, o Vaticano II propôs um novo modo de se viver e entender a Igreja, sugerindo, inclusive, inversões eclesiológicas: da Igreja sociedade perfeita a Igreja mistério; de uma visão essencialista a uma visão histórico-salvífica da Igreja; da Igreja hierarquia à Igreja Povo de Deus; da centralidade da Igreja para a centralidade do Reino de Deus; da identificação da Igreja universal com Roma à valorização da universalidade realizada nas Igrejas locais; da consciência ocidental europeia romana para uma consciência de universalidade da Igreja; de uma Igreja em conflito com o mundo para uma Igreja em diálogo com ele; de uma Igreja autossuficiente e senhora para uma Igreja servidora e solidária; de uma Igreja perdida no mundo da política ou unicamente voltada para a vida eterna para uma Igreja militante e peregrina em busca da plenitude final; de uma Igreja com redutos de vida religiosa perfeita para uma Igreja toda ela chamada à santidade; da consciência de uma mariologia isolada à compreensão de Maria no coração da Igreja (LIBÂNIO, 2005, pp. 104-144).

No período pós-conciliar, é importante fazer uma distinção entre "recepção querigmática", de um lado, e "recepção prática", de outro; aquela "é a soma dos esforços desenvolvidos pelos pastores para divulgar as decisões do Concílio e promovê-las com eficácia" (ROUTHIER apud THEOBALD, 2006, p. 493); esta,

> [...] uma recepção que não se traduz a mera "aplicação", objeto de um projeto controlável estrategicamente, antes supõe

uma mudança de ordem, uma transformação das instituições (reforma) e das mentalidades (renovação), que leva a "reinventar" a própria experiência do Concílio, num espaço menor e culturalmente mais definido, para possibilitar a adesão *interior* ao *corpus*, com base na experiência própria dos receptores (THEOBALD, 2006, p. 495).

Um primeiro exemplo da recepção querigmática é a *reforma da cúria*, iniciada por Paulo VI em dezembro de 1965, ao transformar o Santo Ofício em Congregação para a Doutrina da Fé. Essa reforma foi completada em 1967, com os três Secretariados – para a unidade dos cristãos, para os não cristãos e para os não crentes –, e depois foi retomada já por João Paulo II, em 1988. Outra iniciativa foi a *reforma do Código de Direito Canônico*, anunciada por João XXIII concomitantemente ao Concílio e teve início após a primeira sessão, terminando em 1983, depois de ter sido tema do I Sínodo dos Bispos, em 1967. Ainda digno de nota foi o surgimento da *Comissão Teológica Internacional*, pedida pelo sínodo de 1967, ao lado da Comissão Bíblica, na Congregação para a Doutrina da Fé. Já na chamada recepção prática, são exemplos os *sínodos continentais*, como as Conferências do Episcopado Latino-Americano e do Caribe – Medellín (1968), Puebla (1979), Santo Domingo (1992) e Aparecida (2007). Não é de estranhar, porém, que logo após o Concílio instituições como essas se tenham transformado em espaços de conflitos de doutrina e de poder, o que, na verdade, só evidenciava a dificuldade extraordinária de pôr em prática o que se estabelecera em termos de princípio (THEOBALD, 2006, p. 495).

3.3.1 A tese de Küng

Em 1973, a Congregação para a Doutrina da Fé publicou a Declaração *Mysterium Ecclesiae*, acerca da doutrina católica sobre a Igreja, para a defender de alguns erros. O motivo imediato de sua publicação foi o livro de Hans Küng (1928-2021), intitulado *Infalível? Um questionamento*. Nessa obra, Küng toma a encíclica *Humanae Vitae* (1968), de Paulo VI, como ocasião para um exame de consciência, e afirma abertamente ter a convicção de que o papa errava. A tese de Küng não foi à toa: à época, Paulo VI optou por caminhar em um sentido contrário ao da maioria da comissão que ele mesmo criara para discutir as questões lançadas na encíclica. Assim, "Küng não investia apenas contra o dogma da infalibilidade pontifical de 1870, mas também contra a própria ideia de uma Igreja e de um magistério infalíveis, quer este último seja ordinário e universal ou extraordinário" (SESBOÜÉ, 2020, p. 327).

Em 2016, prestes a completar 88 anos, o próprio Küng escreveu um apelo urgente ao Papa Francisco para permitir uma discussão aberta e imparcial a respeito da infalibilidade do papa e dos bispos. Ali, redigiu:

> A encíclica *Humanae Vitae*, que não só proibia como pecados graves a pílula e todos os meios mecânicos de contracepção, mas também o método do coito interrompido para evitar a gravidez, foi universalmente considerada um desafio incrível. Invocando a infalibilidade do magistério papal, respectivamente do magistério episcopal, o papa se opôs a todo o mundo civilizado. Isso me alarmou como teólogo católico. Nessa época, eu já lecionava teologia na faculdade de teologia católica da Universidade de

Tübingen há oito anos. É claro que protestos formais e objeções substanciais eram importantes, mas será que não tinha chegado a hora de analisar esta reivindicação de infalibilidade do magistério papal em princípio? Eu estava convencido de que havia necessidade de teologia – ou, para ser mais exato, pesquisa crítica do ponto de vista da teologia fundamental. Em 1970, eu coloquei o assunto em discussão em meu livro *Infalível? Um questionamento*. Na época, eu não podia prever que esse livro, e com ele o problema da infalibilidade, afetaria crucialmente o meu destino pessoal e que iria confrontar a teologia e a Igreja com desafios centrais. Nos anos 1970, a minha vida e a minha obra estavam, mais do que nunca, entrelaçadas com a teologia e a Igreja (KÜNG, 2016).

No fundo, a tese central da obra de Küng é a de que "não está provado que a fé precisa de sentenças infalíveis". Por isso, ele se interessa menos diretamente pelo exercício do magistério no campo da moral e mais pelo problema ecumênico das definições de fé e das proposições infalíveis como meio de a Igreja permanecer na verdade. A questão é vista no contexto mais amplo do debate pós-conciliar sobre a autoridade eclesial, quer se trate do relacionamento conflitivo entre o magistério e alguns teólogos, quer se trate das tensões entre Roma e determinada Igreja particular (THEOBALD, 2006, p. 497).

Küng teve a sua licença em Teologia retirada, e a Congregação para a Doutrina da Fé, na Declaração *Mysterium Ecclesiae*, afirmou que o Vaticano II, em perfeita sintonia com o Vaticano I, ensina que Cristo fez de Pedro o perpétuo e visível princípio e fundamento da unidade de fé e de comunhão; e, na mesma linha, Paulo VI escrevera que "o magistério dos

A REFORMA DO PAPADO

bispos é, para os crentes, o sinal e o trâmite que lhes permite receber e reconhecer a Palavra de Deus" (PAULO VI, 1970). De fato, recorrendo às próprias palavras do Vaticano I, a Declaração (1973) afirma que "o sentido dos dogmas declarado pela Igreja é bem determinado e irreformável".

Em 2012, no livro *A Igreja tem salvação?*, Küng destacou que já em 1967, com a encíclica *Sacerdotalis Coelibatus*, Paulo VI fazia uma nova exortação ao celibato desprovida de qualquer relação com o Evangelho. Para Küng, a ocasião foi a primeira vez em que o papa, após o Concílio, chegava sozinho a uma decisão, o que evidenciava que naquele período pós-conciliar não se chegaria a uma alteração decisiva das estruturas de poder que gerariam os rumos da Igreja, a qual se mostrava autoritária nas esferas institucional e pessoal. Por isso, Küng argumenta que, a partir de Paulo VI, se iniciou um projeto de restauração, não de renovação; e o pontificado do Papa Montini teria sido, no fim, tolerante somente em alguns aspectos (KÜNG, 2012, pp. 176-178).

Muitos autores, porém, consideraram o texto da *Humanae Vitae* infalível em nome do "magistério ordinário" do papa, o que é um equívoco, fruto da confusão que ocorre em torno do adjetivo *ordinário*; ou seja, não existe, segundo o Vaticano I, magistério ordinário do romano pontífice, e chega a ser "abusivo chamar desse modo o seu magistério *cotidiano*. Esse Concílio reconhece apenas o 'magistério ordinário e universal' do papa e somente este último é revestido com o carisma da infalibilidade" (SESBOÜÉ, 2020, pp. 322-323).

Uma luz, no entanto, abriu-se com a instrução *Mysterium Ecclesiae*, de 1973, depois das análises de Küng, pois "o que é anunciado de modo infalível e irreformável segundo a intenção do sentido afirmado não o é de modo não perfectível. Esse conteúdo está sujeito a progressos de compreensão, até mesmo a correções, como demonstra a história dos concílios" (SESBOÜÉ, 2020, p. 330). Logo, o dogma, na verdade, é o término de um prolongado estudo teológico e, uma vez definido, não é a morte do pensamento, mas o ponto de partida para novas reflexões (SENA, 2010, p. 454).

3.3.2 De Paulo VI a João Paulo II

Apesar de tudo, é preciso reconhecer que Paulo VI tinha algum conhecimento da dificuldade que sua missão, enquanto papa, representava para a unidade da Igreja. No dia 10 de junho de 1969, por exemplo, pela primeira vez na história um papa visitou, em Genebra, a sede do Conselho Mundial das Igrejas (COMIC), órgão de colaboração entre as igrejas e comunidades eclesiais ortodoxas, anglicanas e protestantes. Tomando a palavra, Paulo VI disse:

> [...] Então, aqui estamos nós entre vocês. Nosso nome é Pedro. [...] Pedro é pescador de homens. Pedro é um pastor. Quanto a nós, estamos convencidos de que o Senhor nos concedeu, sem nenhum mérito de nossa parte, um ministério de comunhão. Certamente *não para nos isolar de vós* que nos deu este carisma, *nem para excluir de nós a compreensão, a colaboração, a fraternidade e, finalmente, a recomposição da unidade*, mas antes para nos deixar o preceito e o dom do amor, na verdade e na humildade (cf. Ef 4,15). E o nome que tomamos, o de Paulo, indica bastante a orientação que queríamos dar ao nosso ministério apostólico (PAULO VI, 1969, grifos nossos).

Seguindo o exemplo de seu predecessor, João XXIII, Paulo VI também internacionalizou o Colégio de Cardeais que, em 1976, tinha 138 membros, dos quais uma pequena maioria era italiana. Montini faleceu em 1978, depois de um ano abalado com o assassinato do seu amigo Aldo Moro (1916-1978), ex-primeiro-ministro italiano.

Com a morte de Paulo VI, foi eleito papa o cardeal Albino Luciani (1912-1978), que permaneceu no ministério somente por 33 dias, de 26 de agosto a 28 de setembro. Apesar do curto período, o novo papa, que escolhera o nome de João Paulo I, primeiro a adotar um nome composto, também teve a oportunidade de realizar gestos que ficaram para a história: recusou ser coroado com a tiara tríplice, rompendo com uma tradição de mais de mil anos, e abandonou a *sedia gestatoria*. No dia 3 de setembro, foi investido apenas com o pálio em uma cerimônia descrita como "investidura em seu ministério como pastor supremo" (MCBRIEN, 2013, p. 389). Seu projeto para a Igreja era amplo: continuar e executar o Vaticano II, revisar o Código de Direito Canônico e promover a evangelização, o ecumenismo, o diálogo com todos os povos e a paz.

Na noite do dia 28 de setembro, no entanto, João Paulo I morreu de um ataque cardíaco, enquanto lia na cama. Os cardeais, então, voltaram a se reunir em conclave para nomear seu sucessor. No quarto escrutínio, foi eleito papa o cardeal polonês Karol Wojtyla (1920-2005), que adotou o nome de João Paulo II (1978-2005). Era o primeiro papa não italiano dos últimos 455 anos (até 1978).

3.3.2.1 O apelo de João Paulo II à reforma e os retrocessos

Wojtyla nasceu no dia 18 de maio de 1920, em Wadowice, um pequeno centro distante de Cracóvia. O pai era oficial do exército; a mãe, uma mulher muito religiosa, mas de saúde frágil, que faleceu quando Karol tinha apenas 9 anos. Em 1941, ainda jovem, o futuro papa também perdeu o pai. Em 1939, assistiu a Polônia ser agredida e subjugada pelos nazistas e exércitos vermelhos (soviéticos). A experiência polonesa, sob o domínio marxista, teve um papel importante na sua orientação cultural, inclusive na postura antimarxista e anticoletivista do futuro pontífice. Em 1946, recebeu a ordenação sacerdotal. Em 1950, foi-lhe pedido para fazer o doutorado em Filosofia, o que aceitou de bom grado. Conseguida a licença para o ensino, em 1953 passou a lecionar na Universidade Católica de Lublin, função que exerceu até 1958, quando foi eleito bispo auxiliar de Cracóvia; depois, em 1964, se tornou arcebispo, em 1967 foi elevado a cardeal pelo amigo, o Papa Paulo VI, e, por fim, eleito papa na quarta votação do conclave, no dia 16 de outubro de 1978.

Ao assumir o ministério petrino, na homilia da missa do início de seu pontificado, João Paulo II fez memória do fato de que seu antecessor imediato recusou ser coroado, e quis manter a tradição iniciada:

> [...] O Papa João Paulo I, cuja memória ainda está tão viva nos nossos corações, houve por bem não querer o trirregno; e hoje igualmente o declina o seu Sucessor. Efetivamente, não é tempo em que vivemos tempo para se retornar a um rito e àquilo que, talvez injustamente, foi considerado como símbolo do poder temporal dos Papas. O nosso tempo convida-nos, impele-nos e

A REFORMA DO PAPADO

obriga-nos a olhar para o Senhor e a imergir-nos numa humilde e devota meditação do mistério supremo do mesmo Cristo (JOÃO PAULO II, 1978).

Na Carta Encíclica *Redemptor Hominis*, de 4 de março de 1979, João Paulo II escreveu:

> Escolhi os mesmos nomes que havia escolhido o meu amadíssimo Predecessor João Paulo I. [...] E ao escolhê-los assim, em seguida ao exemplo do meu venerável Predecessor, desejei como ele também eu exprimir o meu amor pela singular herança deixada à Igreja pelos Sumos Pontífices João XXIII e Paulo VI; e, ao mesmo tempo, manifestar a minha disponibilidade pessoal para a desenvolver com a ajuda de Deus. [...] João XXIII e Paulo VI constituem uma etapa, à qual desejo referir-me diretamente, como a um limiar do qual é minha intenção, de algum modo juntamente com João Paulo I, prosseguir no sentido do futuro, deixando-me guiar por confiança ilimitada e pela obediência ao Espírito, que Cristo prometeu e enviou à sua Igreja (JOÃO PAULO II, 1979).

De fato, Wojtyla participou ativamente do Concílio Vaticano II, dando uma preciosa colaboração para a elaboração da Constituição Pastoral *Gaudium et Spes* e do decreto sobre a liberdade religiosa, *Dignitatis Humanae*.

Todavia, é preciso destacar que o momento histórico no qual o pontificado de João Paulo II se enquadrou foi delicado tanto para a Igreja quanto para o mundo. Na Igreja, emergiram fortes contrastes entre conservadores e progressistas: o primeiro grupo encontrou representação no bispo Lefebvre (1905-1991), que foi estimulado à criação de uma Igreja cismática; o segundo era conduzido por teólogos que, de certa forma, se sentiam livres para expor seus diferentes pontos de vista. Nesse aspecto, seu pontificado se dedicou ao refreamento e até à repressão de interpretações e práticas consideradas progressistas do Concílio (MCBRIEN, 2013, p. 390). Logo, há quem o defina como primeiro papa pós-moderno e há os que descrevem seu pontificado como restaurador, ou seja, que buscou restabelecer o estilo mais monárquico do papado, com toda a autoridade centralizada no Vaticano.

Em linhas gerais, o que se assistiu foi a uma tendência para enquadrar o episcopado e as igrejas locais. Exemplos, nesse sentido, não faltam: o *Novo Código de Direito Canônico*, de 1983, prescreve uma estreita dependência dos bispos com relação ao papa, dando início a uma nova era de centralização. Além disso, trata primeiro dos bispos antes de abordar a Igreja local, dando a impressão de um colégio episcopal anterior e acima das igrejas locais. A essência da ordenação episcopal não mais inclui o governo de uma Igreja: "Chamam-se *diocesanos* os bispos a quem está entregue o cuidado de uma diocese; os demais se chamam *titulares*" (CIC 376). O Código também reserva o título de *vigário de Cristo* ao papa, ignorando a *Lumen Gentium*, que ensina: "Os bispos dirigem as igrejas particulares a si confiadas como vigários e legados de Cristo" (LG 27). Desse modo, "a responsabilidade colegial dos bispos não corresponde ao que desejava o Concílio" (MIRANDA, 2013, p. 110).

Na mesma linha, é preciso citar o *Motu Proprio Apostolos suos* (1998), de João Paulo II, que retirou das Conferências Episcopais seu magistério doutrinal, a não ser que haja consenso por unanimidade ou que se recorra à *recognitio* romana, devendo os bispos seguir o magistério da Igreja universal. Desse modo, "mesmo em contextos socioculturais dos mais diversos, só a Santa Sé pode ser a intérprete da fé cristã" (MIRANDA, 2013, p. 110).

Essa tese se comprova em dois momentos do *Motu Proprio*. O primeiro, quando afirma que "cada Conferência Episcopal tem os seus estatutos próprios, que ela mesma elabora. Todavia, devem obter a revisão (*recognitio*) da Sé Apostólica" (AS 18); o segundo, quando diz que,

> na Conferência Episcopal, os bispos exercem conjuntamente o ministério episcopal em benefício dos fiéis do território da Conferência; mas, para que tal exercício seja legítimo e obrigatório para cada um dos bispos, *é necessária a intervenção da autoridade suprema da Igreja*, que, através da lei universal ou de mandatos especiais, confia determinadas questões à deliberação da Conferência Episcopal (AS 20).

Na verdade, os anos de maior dinamismo das Conferências Episcopais foram do final do Vaticano II até à realização do Sínodo de 1985, para celebrar os 20 anos do Concílio (BRIGHENTI, 2020, p. 200). Às vésperas do Sínodo, o então cardeal Joseph Ratzinger, prefeito da Congregação para a Doutrina da Fé, atribuiu às Conferências Episcopais um papel meramente pragmático e funcional.

> As Conferências Episcopais não têm uma base teológica, não fazem parte da estrutura imprescindível da Igreja tal como a quis Cristo; somente têm uma função prática, concreta... Nenhuma Conferência Episcopal tem, enquanto tal, uma missão magisterial; seus documentos não têm um valor específico,

exceto o valor do consenso que lhes é atribuído por cada bispo (RATZINGER; MESSORI, 1985, p. 68).

Nesse sentido, merece destaque a consideração de João Paulo II na Exortação Apostólica *Christifideles Laici*, fruto do Sínodo dos Bispos realizado em Roma, de 1º a 30 de outubro de 1987. Ali, João Paulo II afirmou, no contexto de um documento que trabalha a vocação e a missão dos leigos, que a eclesiologia central do Vaticano II foi a de *comunhão*, cuja realidade é apresentada como "a ideia central de que a Igreja deu de si no Concílio Vaticano II" (CL 19). A eclesiologia do Povo de Deus, espinha dorsal do Vaticano II, apareceu quase como um desdobramento da de comunhão.

O conceito de comunhão, porém, é muito mais restrito que o de povo. O povo é uma forma de comunhão, mas inclui muito mais elementos do que o conceito de comunhão (COMBLIN, 2002, p. 126). Logo, ao afirmar a Igreja unicamente como comunhão,

> [...] a tendência da hierarquia é espiritualizar a Igreja, silenciar a sua realidade humana, ou exaltá-la como realidade de comunhão, de paz, de verdade, de felicidade – o que é equivalente. Ocultando a realidade humana, ela tenciona escapar de toda a crítica. [...] Não adianta querer esconder o caráter humano da Igreja. Ele reaparece clandestinamente. Se o Povo de Deus desaparece, o que reaparece como natureza humana da Igreja é a burocracia clerical, a centralização burocrática da Cúria romana e a prática pela Cúria romana de uma política muito humana no sentido pejorativo da palavra – e pouco cristã. Se se nega o Povo de Deus, o que fica é aquela Igreja nascida depois de Trento – centrada na sua estrutura jurídica, clerical,

burocrática – fixada numa atitude apologética, polêmica; uma Igreja em estado de guerra com os protestantismos e toda a modernidade (COMBLIN, 2002, pp. 128-129).

Nesse sentido, "se constituiria até uma espécie de traição se acreditar que a recepção do Concílio significaria uma obediência passiva à autoridade superior, em uma perspectiva jurídica – e daí se criar a suposta comunhão" (DIAS, 2021, pp. 307-308). Como realidade teológica, a recepção do Concílio pressupõe uma eclesiologia de comunhão, mas que, por sua vez, dê espaço para uma pneumatologia que reconheça a importância da Igreja local e respeite o *sensus fidei* de seus membros (MIRANDA, 2013, p. 105).

Assim, o pontificado de João Paulo II caracterizou-se mais pela continuidade do que, propriamente, por uma reforma ou renovação do sujeito-Igreja, sendo visto, inclusive, como centralizador em diversos aspectos.

Todavia, no dia 25 de maio de 1995, o papa polonês entregou à Igreja a Exortação Apostólica *Ut Unum Sint*, sobre o empenho ecumênico. Nesse documento, nos parágrafos 88 a 96, João Paulo II não só descreveu a dificuldade que seu ministério representa, no campo ecumênico, como também resgatou costumes da Igreja Antiga, visando a uma maneira diferente no *modus operandi* dessa missão. Dois aspectos merecem destaque: primeiro, a respectiva posição que o papa conferiu ao seu ministério, ao dizer que,

> [...] quando a Igreja Católica afirma que a função do Bispo de Roma corresponde à vontade de Cristo, ela não separa esta função da missão confiada ao conjunto dos bispos, também eles

"vicários e legados de Cristo". O Bispo de Roma pertenceu ao seu "colégio", e eles são os seus irmãos no ministério (UUS 95).

A ideia lançada aqui é a do papa, antes de tudo, como *primus inter pares*, ou seja, de um bispo entre os iguais. No entanto, no que tange ao seu ministério em si mesmo, João Paulo II escreveu:

> [...] Dirigindo-me ao Patriarca ecumênico, Sua Santidade Dimítrios I, disse estar consciente de que, "por razões muito diferentes, e contra a vontade de uns e outros, o que era um serviço pôde manifestar-se sob uma luz bastante diversa. Mas [...] é com o desejo de obedecer verdadeiramente à vontade de Cristo que eu me reconheço chamado, como Bispo de Roma, a exercer este ministério [...]. O Espírito Santo nos dê sua luz, e ilumine todos os pastores e os teólogos das nossas Igrejas, para que possamos procurar, evidentemente juntos, as formas mediante as quais este ministério possa realizar um serviço de amor, reconhecido por uns e por outros". Tarefa imensa, que não podemos recusar, mas que sozinho não posso levar a bom termo. A comunhão real, embora imperfeita, que existe entre todos nós, não poderia induzir os responsáveis eclesiais e os teólogos a instaurarem comigo, sobre este argumento, um diálogo fraterno, paciente, no qual nos pudéssemos ouvir, pondo de lado estéreis polêmicas, tendo em mente apenas a vontade de Cristo para sua Igreja, deixando-nos penetrar do seu grito: "Que todos sejam um [...], para que o mundo creia que tu me enviaste" (Jo 17,21) (UUS 95-96).

João Paulo II, no contexto ecumênico, fez um apelo aos bispos e teólogos para que o ajudassem a pensar em uma nova maneira de exercer o seu ministério, que, sem

A REFORMA DO PAPADO

renunciar ao que lhe é essencial, se abrisse a uma situação nova. A rigor, seu apelo foi respondido diretamente somente por John R. Quinn (1929-2017), que foi arcebispo de São Francisco, na Califórnia (EUA), e presidente da Conferência Episcopal dos Estados Unidos (1977-1980), que escreveu a obra *Reforma do papado: indispensável para a unidade cristã*. O próprio Quinn reconhece:

> Este livro é uma tentativa de um bispo de dar resposta ao Papa João Paulo II, que convocava os bispos a se engajar com ele num diálogo paciente e fraterno sobre o papado. De fato, o papa dá início a um diálogo que tem por finalidade a reforma do papado, de modo que se possa tornar ainda mais o "serviço de amor reconhecido por todos os necessitados" (UUS 95). [...] O papa levantou uma questão. A dignidade de sua função, sua integridade pessoal, e a crucial natureza da questão exigem uma resposta honesta. Para falar de novas maneiras de exercer o primado, é necessário criticar como inadequada a maneira como este foi exercido no passado e é exercido no presente (QUINN, 2002, pp. 5-6).

As conclusões de Quinn, no entanto, parecem ser claras: para ele, há uma contradição entre a minuciosa e sempre crescente centralização por parte de Roma e a doutrina da Igreja sobre a colegialidade e a comunhão. De igual modo, também existe uma controversa semelhança entre o corajoso apelo a favor da unidade cristã e a insistência na centralização e na sua expansão (QUINN, 2002, pp. 195-196).

Apesar disso, como papa, João Paulo II celebrou 16 sínodos: 7 ordinários, 1 extraordinário e 8 especiais, sobre as igrejas. Em geral, um ou dois anos depois de cada sínodo dos bispos, o papa publicava uma Exortação Apostólica pós-sinodal. Fez, ao todo, 104 viagens apostólicas, durante as quais, sobretudo na América Latina e na África, visitava vários países. Foram 130 os países que ele visitou. Ao todo, nas viagens, percorreu um milhão e duzentos mil quilômetros, ou seja, quase trinta voltas ao redor da Terra.

João Paulo II apareceu, pela última vez, no dia 30 de março de 2005. A aparição se deu na janela de seu quarto, para saudar os peregrinos e turistas presentes na Praça de São Pedro. No dia 2 de abril de 2005, sábado da oitava da Páscoa, o Vaticano anunciou a sua morte, que comoveu profundamente o mundo. Em 2011, seu sucessor, o Papa Bento XVI (2005-2013), o declarou beato, e, no dia 27 de abril de 2014, ele foi canonizado, na mesma missa em que João XXIII também o fora. Sua festa litúrgica é celebrada no dia 22 de outubro.

3.3.3 As dificuldades enfrentadas por Bento XVI e a renúncia ao ministério

No dia 19 de abril de 2005, os cardeais escolheram o alemão Joseph Ratzinger, de 78 anos, para ser o 265º papa, sucessor de João Paulo II. O nome escolhido foi Bento XVI. O colégio dos cardeais escolheu um cardeal extremamente zeloso quanto à ortodoxia doutrinária, que por 23 anos havia sido o prefeito da Sagrada Congregação para a Doutrina da Fé.

À época, a escolha de Ratzinger não impressionou a muitos. Na longa enfermidade de João Paulo II, sobretudo na fase final, Ratzinger esteve sempre presente. Nos últimos dias, inclusive, o cardeal alemão só não tinha o título de papa, mas de certa forma já o era. Nesse sentido, Bento XVI configurou-se como uma continuidade do pontificado de João Paulo II.

No entanto,

> a crise da Igreja Católica eclodida no pontificado de Bento XVI foi um fato histórico sem precedentes. [...] A Igreja foi, de fato, exposta ao juízo público e revelou não somente suas incoerências morais como também sua insuficiência jurídica para julgar os seus membros, embora muitos canonistas oficiais assim o quisessem. Mas veio o ápice: a exposição da divisão interna no governo central da Igreja. Não se tratava somente de condutas moralmente condenáveis espalhadas por várias Igrejas do mundo, mas também de uma perda do comando central, não obstante as prerrogativas de exercício de poder centralizado do Sumo Pontífice (PASSOS, 2013, p. 88).

Na verdade, quando Ratzinger assumiu o pontificado, as revelações sobre escândalos de pedofilia de religiosos já haviam provocado muitas manchetes nos Estados Unidos. Em 2008, Bento XVI foi o primeiro papa a expressar vergonha e se reunir com vítimas de abusos. Entre 2009 e 2010, estouraram outros escândalos no clero da Irlanda, somando-se a outros casos semelhantes na Europa. A imprensa internacional criticou o papa por seu silêncio e inatividade diante de alguns casos, principalmente quando foi arcebispo de Munique e prefeito da Congregação para a Doutrina da Fé. Mas o fato é que, como escreveu Passos, "o Papa Bento XVI já havia tomado decisões enérgicas sobre a problemática, ainda que para muitos de modo tardio e insuficiente.

Apresentou, de fato, uma normatização mais severa, afastou bispos de suas funções e suspendeu clérigos" (PASSOS, 2013, p. 93).

Apesar de permanecer inflexível no que diz respeito às questões morais, Bento XVI foi o primeiro pontífice a admitir o uso de preservativos em casos muito específicos, para evitar a propagação da Aids. No entanto, permaneceu firme em questões relacionadas à defesa da vida e, como tal, também condenou o aborto, manipulações genéticas, eutanásia e casamento homossexual.

Além dos escândalos de pedofilia, foi durante o pontificado de Bento XVI, em janeiro de 2012, que explodiu o caso que ficou conhecido como *vatileaks*. O ex-mordomo do papa, Paolo Gabriele (1966-2020), foi acusado de vazar documentos ultrassecretos do Vaticano e condenado há 18 meses de prisão, tendo, no entanto, recebido indulto do papa no mesmo ano ao da prisão. Na verdade, os documentos não revelaram, a rigor, escândalos em grande escala da Igreja, mas despertou para suspeitas de corrupção, calúnias e escolhas contestadas. Segundo noticiado pela imprensa da época, no julgamento o réu afirmou ter agido por convicção de ter atuado por amor exclusivo à Igreja e ao papa.

Aos poucos, Bento XVI, em 2012, já com 85 anos de idade, foi se debilitando. Nas últimas celebrações, já não caminhava pelo corredor da Basílica de São Pedro, entre os peregrinos, mas era levado por uma espécie de plataforma.

No dia 11 de fevereiro de 2013, a Igreja se preparava para celebrar a festa litúrgica de Nossa Senhora de Lourdes, no aniversário da aparição de 1858 a Bernadette Soubirous.

A festa coincidia com a XXI Jornada Mundial do Enfermo. Nesse ínterim, o consistório se reunia no Vaticano para proclamar oficialmente a santidade dos oitocentos habitantes de Otranto, massacrados pelos turcos otomanos em 1480 e, naturalmente, considerados mártires. Diante de uma plateia de cardeais atônitos, ao término do consistório, Bento XVI fez uma *Declaração* que acabou por surpreender não só ao universo católico como também todo o mundo:

> [...] Depois de ter examinado repetidamente a minha consciência diante de Deus, *cheguei à certeza de que as minhas forças, devido à idade avançada, já não são idôneas para exercer adequadamente o ministério petrino.* Estou bem consciente de que este ministério, pela sua essência espiritual, deve ser cumprido não só com as obras e com as palavras como também e igualmente sofrendo e rezando. Todavia, no mundo de hoje, sujeito a rápidas mudanças e agitado por questões de grande relevância para a vida da fé, *para governar a barca de São Pedro e anunciar o Evangelho, é necessário também o vigor quer do corpo quer do espírito; vigor este, que, nos últimos meses, foi diminuindo de tal modo em mim que tenho de reconhecer a minha incapacidade para administrar bem o ministério que me foi confiado.* Por isso, bem consciente da gravidade deste ato, com plena liberdade, *declaro que renuncio ao ministério de Bispo de Roma,* sucessor de São Pedro, que me foi confiado pela mão dos Cardeais em 19 de abril de 2005, pelo que, a partir de 28 de fevereiro de 2013, às 20h00, a sede de Roma, a sede de São Pedro, ficará vacante e deverá ser convocado, por aqueles a quem tal compete, o Conclave para a eleição do novo Sumo Pontífice. [...] Pelo que me diz respeito, nomeadamente no futuro, quero servir de todo o coração, com uma vida consagrada à oração, a Santa Igreja de Deus (BENTO XVI, 2013, grifos nossos).

Naquele momento, o papa renunciava à missão de sucessor de Pedro. Para Rusconi (2013, pp. 96-97), "embora talvez nunca se vá saber, é plausível que Joseph Ratzinger tenha pensado no dia de sua própria renúncia ao pontificado no momento mesmo em que se tornava papa com o nome de Bento XVI". O que se sabia, porém, é que Bento XVI não era o primeiro papa a fazê-lo: na história, outros já haviam renunciado ao ministério petrino. Só que o último havia sido Gregório XII (1406-1414), no contexto do Grande Cisma do Ocidente, no século XV. A distância de tempo e, sobretudo, a chamada "fidelidade" do antecessor de Ratzinger, João Paulo II, apesar de todas as dificuldades que enfrentou com sua saúde, fizeram com que a notícia abalasse a todos. Ao interno da Igreja, a *Declaração* era relativamente grave, uma vez que o Papa Pio XII, na Constituição Apostólica *Vacant Chair*, escrevera:

> Pedimos ao nosso herdeiro e sucessor que não se deixe abater pelas dificuldades do cargo, afastando-se do mesmo, mas, pelo contrário, humildemente se entregue aos desígnios da vontade de Deus, porque Ele que impôs o peso será também a grande força para aquele que carrega o fardo (PIO XII, 1945).

Há um aspecto, porém, na *Declaratio* de Bento XVI que merece destaque, no que toca à temática da reforma do papado: o fato de o papa reconhecer que suas forças não eram mais suficientes para conduzir a Barca de Pedro, o que mostrava que o papa não era um deus, mas um ser humano, sujeito às limitações próprias de todo homem e de toda mulher. O papa alemão usa expressões como "minhas forças, devido à idade avançada" e ainda "incapacidade para

A REFORMA DO PAPADO

administrar bem o ministério", o que denota, claramente, que a missão é exigente, mas exercida por um homem; "sua renúncia trouxe a figura papal para o rol dos homens normais. Numa palavra, dessacralizou o papado e nos possibilitou ver o lado humano dessa figura mitizada por tantos" (GODOY, 2014, pp. 204-205).

Para alguns, a renúncia de Bento XVI, apesar de causar surpresa, não foi tão inesperada. Em 2010, no livro-entrevista *Luz do mundo*, editado pelo seu biógrafo, Peter Seewald, o papa havia sido interrogado a respeito de uma próxima renúncia, e respondeu:

> Quando um papa alcança clara consciência de não ser mais capaz de desempenhar física, psicológica e mentalmente o encargo que lhe foi confiado, então tem o direito e em algumas circunstâncias também o dever de se demitir. [...] Às vezes, sinto-me preocupado e me pergunto se conseguirei sustentar tudo, inclusive apenas do ponto de vista físico (BENTO XVI, 2011, pp. 48-49).

O que se infere, no entanto, é que a renúncia de Bento XVI, por si mesma, era sinal da necessidade de reforma na Igreja. Passos (2013, p. 85) chega a dizer que o fato divide a história da Igreja Ocidental em passado e futuro e "deixa um recado implícito de que a Igreja pode ser mudada em suas práticas institucionais, de que nenhum modelo é eterno e de que o papado é um serviço e não um poder sagrado intocável e imutável".

Em síntese, a renúncia inesperada de Bento XVI questionou uma estrutura institucional milenar e um projeto disciplinador de três décadas, do qual, paradoxalmente, o próprio papa fazia parte. É certo que, talvez, apesar já da idade avançada, o papa alemão deixou o governo da Igreja em um momento sério e de crise. No entanto, "a crise é o ponto de partida real de toda mudança" (PASSOS, 2013, p. 87).

Era o dia 28 de fevereiro quando Bento XVI retirou-se de helicóptero para a cidade de Castel Gandolfo. Antes, aos cardeais presentes em Roma na sala clementina, Bento XVI disse:

> [...] continuarei a estar convosco com a oração, especialmente nos próximos dias, a fim de que sejais plenamente dóceis à ação do Espírito Santo na eleição do novo Papa. Que o Senhor vos mostre o que Ele quer. E entre vós, entre o Colégio Cardinalício, está também o futuro papa ao qual já hoje prometo a minha reverência e obediência incondicionadas (BENTO XVI, 2013).

Agora era aguardar a eleição do novo sucessor de Pedro que, sem dúvidas, assumiria a Igreja em um momento bastante difícil da história eclesial.

CAPÍTULO 4
A ELEIÇÃO DE FRANCISCO, BISPO DE ROMA, E A NECESSIDADE DA REFORMA

> A periferia chegou ao centro
> pelas vias legítimas da tradição eclesial.
> (João Décio Passos)

Este capítulo pretende expor algumas das iniciativas do pontificado posterior, do Papa Francisco, procurando identificar determinadas mudanças de paradigma impostas pelo próprio bispo de Roma em alguns dos seus discursos e gestos. Ao mesmo tempo, partindo exatamente desta análise, propor-se-á, tendo em mente todo o levantamento histórico feito nesta pesquisa, alguns caminhos por onde a reforma do papado possa transcorrer.

4.1 Jorge Mario Bergoglio: quem é e de onde veio

Era o dia 13 de março de 2013 quando o conjunto de cardeais votantes, que somavam 115, enclausurados na capela Sistina em conclave, escolheu o cardeal Jorge Mario Bergoglio como bispo diocesano de Roma. Era um nome desconhecido. Embora as listas dos "papáveis" variassem bastante, à época a imprensa cogitava que o futuro papa poderia ser Odilo Pedro Scherer, arcebispo de São Paulo, Brasil, que se dizia ser o candidato da Cúria; Gianfranco Ravasi, da Itália, que era presidente do Pontifício Conselho para a Cultura; Angelo Scola, arcebispo de Milão, também da Itália; Péter Erdo, arcebispo de Budapeste, da Hungria; Marc Ouellet, que era prefeito da Congregação para os Bispos e havia sido arcebispo de Quebec, Canadá; Timothy Dolan, arcebispo de Nova Iorque, EUA; e Sean Patrick O'Malley, cardeal de Boston, EUA.

Nenhum desses, porém, foi o escolhido. Bergoglio era o primeiro em diversas instâncias: o primeiro papa jesuíta, o primeiro papa do continente americano e do hemisfério sul. Era o primeiro não europeu escolhido em mais de 1200 anos, desde Gregório III (731-741), que nascera na Síria (Ásia). Mas, afinal, qual era a história do novo papa? O que motivara os cardeais a escolherem-no como o novo bispo de Roma?

Bergoglio nasceu em Buenos Aires no dia 17 de dezembro de 1936, no seio de uma família católica. É o filho mais velho entre cinco irmãos. Aos 20 anos, foi submetido a uma cirurgia, em virtude de uma grave enfermidade, que lhe extirpou parte do pulmão – aliás, esta é a razão pela qual o

A REFORMA DO PAPADO

papa não canta. Apesar da saúde boa, em geral, havia uma preocupação de que fosse afetado, em algum momento, por uma infecção pulmonar, o que diminuiria ainda mais sua reserva respiratória.

Com 21 anos, optando pelo presbiterato, entrou no Seminário de Villa Devoto, em Buenos Aires. No dia 11 de março de 1958, passou para o noviciado da Companhia de Jesus e foi estudar no Chile, onde aprofundou os estudos de história, literatura, latim e grego. Retornando para Buenos Aires em 1960, obteve a licenciatura em Filosofia e, entre 1964 e 1965, lecionou Literatura e Psicologia no Colégio da Imaculada de Santa Fé e, em 1966, lecionou as mesmas disciplinas no Colégio do Salvador, de Buenos Aires. Os quatro anos de Teologia foram cursados entre 1967 e 1970.

No dia 13 de dezembro de 1969, com 33 anos, foi ordenado presbítero pelo arcebispo emérito de Córdoba, Dom Ramón José Castellano (1903-1979). Aos 36 anos, no dia 22 de abril de 1973, fez a profissão perpétua como religioso, com 36 anos; e no dia 31 de julho do mesmo ano, foi eleito provincial da Argentina, cargo que exerceu por seis anos. Durante esse período, sofreu com o golpe militar e a ditadura instaurada na nação argentina. Bergoglio teria ajudado a salvar perseguidos e ameaçados de morte pelos militares a saírem do país.

Os estudos de pós-graduação foram feitos na Alemanha, a partir de março de 1986, assim como cursos especiais de espiritualidade. Além do espanhol, Bergoglio fala com fluência italiano, alemão, inglês, francês, latim; lê e escreve em português.

No dia 20 de maio de 1992, o então Papa João Paulo II designou Bergoglio como bispo titular de Auca e auxiliar de Buenos Aires, aos 55 anos de idade, sendo sagrado bispo em 27 de junho do mesmo ano na catedral portenha. Seu lema foi: *Miserando atque elegendo* – "Olhou-o com misericórdia e o escolheu". No dia 3 de junho de 1997, foi nomeado arcebispo coadjutor de Buenos Aires. Com a morte do arcebispo titular, o cardeal Antonio Querracino (1923-1998), no dia 28 de fevereiro de 1998, Bergoglio assumiu como primeiro jesuíta primaz da Argentina. Pouco tempo depois, no dia 6 de novembro do mesmo ano, João Paulo II o nomeou como bispo responsável pelos fiéis de rito oriental, residentes na Argentina, que não contassem com um bispo de seu próprio rito.

Como arcebispo metropolitano de Buenos Aires, Bergoglio procurou animar sua Igreja para viver um projeto missionário pautado pela comunhão e pela evangelização, cujos objetivos eram quatro: uma comunidade aberta e fraterna; protagonismo de um laicato consciente; evangelização voltada para cada um dos habitantes da cidade; assistência aos pobres e aos enfermos. O arcebispo convidava padres e leigos a um trabalho conjunto (ALTEMEYER JÚNIOR, 2013, p. 116).

> As pessoas que tiveram contato com ele nessa época dizem que era conhecido por sua austeridade e pela simplicidade de vida. Em lugar de morar no palácio episcopal, vivia sozinho em um pequeno apartamento, no segundo andar do Arcebispado, onde preparava seu próprio jantar. Algumas jornalistas ponderam "as habilidades culinárias de Francisco". É já célebre a anedota de sua primeira visita ao Seminário como arcebispo de Buenos Aires. Terminado o almoço, o reitor do Seminário perguntou-lhe se queria dizer algumas palavras aos seminaristas.

"Sim", respondeu o arcebispo. "Hoje eu lavo os pratos." A partir desse dia tornou-se um costume elegante que os docentes do Seminário lavassem seus pratos. Será que os cardeais da Santa Mãe Igreja vão querer seguir os hábitos austeros do novo papa? (GONZÁLEZ-QUEVEDO, 2015, pp. 55-56).

No dia 21 de fevereiro de 2001, aos 64 anos, tornou--se cardeal, recebendo o barrete vermelho das mãos de João Paulo II. Participou como relator-geral adjunto da X Assembleia Ordinária do Sínodo dos Bispos, no Vaticano, acontecido em 2001. Na Santa Sé, foi membro da Congregação para o Culto Divino e a Disciplina dos Sacramentos; da Congregação para o Clero; da Congregação para os Institutos de Vida Consagrada e as Sociedades de Vida Apostólica. Também integrou o Pontifício Conselho para a Família, a Comissão para América Latina (CAL) e o Conselho Ordinário da Secretaria Geral para o Sínodo dos Bispos.

Entre 2002 e 2005, foi vice-presidente da Conferência Episcopal Argentina. Em 2005, foi denunciado por supostas conexões ou omissão diante do sequestro de dois padres jesuítas pela ditadura argentina: Orlando Virgilio Yorio e Francisco Jalics, em 23 de maio de 1976, quando ele era o superior provincial dos jesuítas. As denúncias foram desmentidas pelo próprio Jalics, que contradisse de forma bastante categórica a todas as insinuações.

Naquele mesmo ano, no dia 9 de novembro, Bergoglio foi eleito presidente da Conferência Episcopal Argentina, para o triênio 2005-2008, e reeleito, depois, para o triênio 2008-2011. Na V Conferência do Episcopado Latino-Americano e Caribenho, acontecida em Aparecida, em 2007, da qual participou ativamente, Bergoglio foi o presidente da comissão de redação do texto final. Às vésperas de sua eleição para a diocese de Roma, Jorge Mario havia sido nomeado membro da Pontifícia Comissão para a América Latina (CAL), no dia 23 de fevereiro de 2013. Foi eleito papa alguns dias depois, no dia 13 de março, aos 76 anos de idade.

4.2 A eleição de Francisco, bispo de Roma

Durante o conclave, quando a eleição de Bergoglio já havia sido constatada pelo colégio de cardeais, apesar de não se ter anunciado ainda a totalidade dos votos, o cardeal arcebispo emérito de São Paulo, Dom Cláudio Hummes, OFM, teria se antecipado e, depois de abraçar e beijar o novo papa, lhe dito: "Não se esqueça dos pobres". Estas palavras teriam ficado na mente de Bergoglio como um mantra, a ponto de lhe trazer à mente um nome importante: Francisco de Assis, o homem da pobreza, da paz e que amava cuidar da criação (IVEREIGH, 2014, p. 363).

Quando, finalmente, a contagem dos votos se encerrou e o cardeal Giovanni Battista Re foi até Bergoglio com a questão: "Aceitas tua eleição canônica como sumo pontífice?", Bergoglio respondeu, com seu bom latim: "*Accepto*", acrescentando, porém: "embora eu seja um grande pecador". "*Quo nomine vis vicari*" – "Que nome tomarás?", perguntou, mais uma vez, o cardeal Re. Firmemente, Bergoglio respondeu: "Eu escolho o nome Francisco, em honra a São Francisco de Assis". Os cardeais o aplaudiram.

Na história do papado, a escolha do nome tem sido bastante reveladora, não no sentido apenas de homenagear ou recordar as virtudes de alguém, mas no de traçar, segundo o coração do novo papa, os elementos que caracterizarão a sua missão.

> Não é sem razão que o cardeal Bergoglio tomou, eleito papa, o nome de Francisco. Francisco de Assis, no século XIII, ouviu uma voz divina que lhe dizia: "Francisco, vai e reconstrói a minha Igreja, que está em ruínas". Efetivamente estava moral e espiritualmente em ruínas sob o papa mais mundano e poderoso da história cristã, Inocêncio III. Tomou como referência o Evangelho puro e simples e a figura do Jesus histórico, humilde, pobre, despojado de todo poder e identificado com os últimos. Iniciou realmente uma reforma da Igreja levada avante por ele, pelos movimentos pauperistas leigos e pelas ordens mendicantes (CAVACA, 2014, p. 16).

Depois de se paramentar, Francisco retornou ao encontro dos cardeais, na capela Sistina. O monsenhor Dario Viganò, diretor da TV Vaticana, descreveu o que ele viu antes que as imagens se tornassem públicas, e, no seu relato, já se notava um certo ar de surpresa:

> O papa atravessa a capela sistina olhando para baixo, acompanhado pelo cardeal Vallini e pelo cardeal Tauran. Ele está olhando para baixo; ele não saúda os cardeais; está como se carregasse um fardo enorme. Entrando na Capela Paulina, prepararam-lhe um trono, mas ele não se senta no trono. Ele leva os cardeais a se sentarem um em cada lado dele no último banco. Ele ora em silêncio. Em um determinado momento, o papa se levanta. Ele se vira, sai para a Sala Regia e, naquele momento, é uma pessoa

diferente. É uma pessoa que está sorrindo. É como se ele tivesse confiado o fardo dessa escolha, como se Deus lhe tivesse dito pessoalmente: "Não se preocupe. Estou aqui com você". É uma pessoa que não está mais abatida. Seu rosto não está mais inclinado para baixo. É um homem que olha e se pergunta o que precisa fazer (VIGANÒ apud IVEREIGH, 2014, p. 364).

No horário de Roma, eram 20h22 quando Bergoglio, já anunciado Papa Francisco, apareceu na sacada da Basílica de São Pedro. Sua aparição chamava a atenção em diversos aspectos, sem que ele dissesse uma só palavra: o novo papa apareceu usando a mesma cruz peitoral que havia trazido de Buenos Aires e que o acompanhara durante todo o conclave. Eram paramentos simples de um papa que queria ser simples. Não chegou usando a tradicional mozeta e, muito menos, a estola – esta última foi colocada apenas na hora de dar a bênção e retirada logo em seguida. Além do mais, o papa evitava o "saudosismo", ou seja, não ficava acenando à multidão, mas apenas, por um breve momento, mostrou-lhes a mão, como quem cumprimentava e dizia: "Não é necessário tanto".

É chegado o momento de o novo papa falar, depois de ser saudado e aclamado por uma numerosa população que subia e abaixava seus guarda-chuvas naquela noite chuvosa em Roma.

Irmãos e irmãs, boa noite!

Vós sabeis que o dever do Conclave era dar um Bispo a Roma. Parece que os meus irmãos Cardeais tenham ido buscá-lo quase ao fim do mundo... Eis-me aqui! Agradeço-vos o acolhimento: a comunidade diocesana de Roma tem o seu Bispo. Obrigado! E, antes de mais nada, quero fazer uma oração pelo nosso Bispo emérito Bento XVI. Rezemos todos juntos por ele, para que o Senhor o abençoe e Nossa Senhora o guarde.

[Recitação do Pai-Nosso, Ave-Maria e Glória]

E agora iniciamos este caminho, Bispo e povo, Bispo e povo, Bispo e povo... este caminho da Igreja de Roma, que é aquela que preside a todas as Igrejas na caridade. Um caminho de fraternidade, de amor, de confiança entre nós. Rezemos sempre uns pelos outros. Rezemos por todo o mundo, para que haja uma grande fraternidade. Espero que este caminho de Igreja, que hoje começamos e no qual me ajudará o meu Cardeal Vigário, aqui presente, seja frutuoso para a evangelização desta cidade tão bela!

E agora quero dar a Bênção, mas antes... antes, peço-vos um favor: antes de o Bispo abençoar o povo, peço-vos que rezeis ao Senhor para que me abençoe a mim; é a oração do povo, pedindo a Bênção para o seu Bispo. Façamos em silêncio esta oração vossa por mim. [...] Agora, dar-vos-ei a Bênção, a vós e a todo o mundo, a todos os homens e mulheres de boa vontade.

[Bênção]

Irmãos e irmãs, tenho de vos deixar. Muito obrigado pelo acolhimento! Rezai por mim e até breve! Ver-nos-emos em breve: amanhã quero ir rezar aos pés de Nossa Senhora, para que guarde Roma inteira. Boa noite e bom descanso! (FRANCISCO, 2013).

A grande reforma já estava anunciada nas primeiras palavras do novo papa; "a mudança apareceu em carne viva, nos gestos e já nas primeiras palavras marcadas por informalidade, simpatia e humildade" (PASSOS, 2013, p. 86).

Uma primeira realidade que chama a atenção é o fato de o papa se autointitular "bispo de Roma". Aliás, a partir daí é assim que se apresenta: bispo de Roma, o que é extremamente importante para viver a colegialidade episcopal e para a unidade das Igrejas cristãs, além de estar em profunda sintonia com a eclesiologia do Vaticano II (AQUINO JÚNIOR, 2013, p. 213). De fato, ao se autointitular "bispo de Roma", Francisco se demonstrou aberto ao diálogo ecumênico e já deu a entender que o papa não é, de forma nenhuma, uma espécie de "superbispo". Ele é, sim, o bispo diocesano de Roma e, enquanto tal, preside o colégio dos bispos, sendo sinal da unidade da Igreja. Mas o detalhe maior ainda, se assim se pode dizer, é o fato de primeiro o papa conversar com o seu povo, os seus diocesanos, e fazer referência a Bento XVI como "nosso bispo emérito". Apesar de ser uma realidade nova e possível, como já foi dito, fazia quase seiscentos anos que um bispo de Roma havia renunciado ao ministério. Além disso, a grande maioria dos fiéis vê o papa como uma espécie de bispo universal, e não como bispo de uma Igreja particular que "preside as demais na caridade". Ao referir-se a Bento XVI como bispo emérito, Francisco parecia situar seu antecessor no seu respectivo lugar, embora a ala conservadora ainda prefira chamá-lo de "papa emérito".

No fundo, ao se chamar de "bispo de Roma", o Papa Francisco:

> [...] lembrou que a primeira instituição do cristianismo é o episcopado, e não o papado. Efetivamente, a instituição episcopal deita raízes sólidas na origem do cristianismo, pois se refere a uma função já existente no sistema sinagogal judeu, antes de

A REFORMA DO PAPADO

Jesus. A palavra "bispo" (que significa "supervisor") é encontrada diversas vezes nos textos do Novo Testamento (1Tm 3,2; Tt 1,7; 1Pd 2,25 e At 20,29), onde aparece igualmente o substantivo "episcopado" (1Tm 3,1). [...] O episcopado registra, ao longo dos séculos, páginas luminosas de vida evangélica e lutas contra a supremacia papal, que hoje desaguam no combate em prol da colegialidade episcopal (uma ideia do Concílio Vaticano II). Trata-se de fortalecer o poder dos bispos e limitar o poder do papa. Mas essa luta não registrou, nos últimos tempos, avanços consideráveis, principalmente pela reação dos Papas João Paulo II e Bento XVI (HOORNAERT, 2013, pp. 153-154).

Toda supervalorização, porém, é perigosa. Talvez, neste discurso, alguém poderia também se questionar se o papa não estaria exaltando por demais o episcopado e, dessa forma, somente mudando as instâncias: a Igreja não é papa, mas os bispos. No entanto, tendo destacado o papel do episcopado, Francisco tratou de salientar qual seria o caminho da Igreja de Roma: *bispo e povo*, o que remete ao "caminhar juntos" da sinodalidade. O sonho, todavia, não era apenas para a diocese de Roma. Note-se que o papa acrescenta que este é o caminho da Igreja de Roma que, por sua vez, é a que preside as demais na caridade. Apesar da expressão ser retomada de Inácio de Antioquia, quem *preside* é quem *conduz*. Daí se deduz que, na verdade, o caminho da diocese do papa deveria ser luz para os encaminhamentos das demais igrejas particulares, respeitadas, porém, as peculiaridades de cada uma delas.

O desejo da caminhada conjunta se mostrou ainda mais quando, antes de abençoar o povo, o papa se inclinou e pediu ao povo que, a Deus, pedisse a bênção para o seu bispo, o que aparece em sintonia direta com a eclesiologia do Vaticano II, de que a Igreja é Povo de Deus e, enquanto assembleia de batizados, é uma comunidade sacerdotal. Se, como diz o ditado, são de fato as primeiras impressões que ficam, as de Francisco foram as melhores possíveis – ao menos para quem sentia a real necessidade de uma reforma na Igreja.

4.2.1 Gestos que marcam

No dia seguinte, como prometera, ao se deslocar para a Basílica de Santa Maria Maior, o novo papa dispensou a limusine própria dos pontífices e usou um carro comum. Passou pela Casa do Clero, onde se hospedara em Roma, e fez questão de pagar a sua conta. Dispensou também o espaço do apartamento pontifício no Palácio Apostólico, que disse que seria usado apenas para audiências a personalidades e para a recitação do *Angelus* ou do *Regina caeli* aos domingos. Decidiu morar na Casa de Santa Marta, onde conviveria com residentes permanentes e com convidados ocasionais.

A missa de imposição do pálio e entrega do anel do pescador aconteceu na solenidade de São José, no dia 19 de março, para a qual Francisco se referiu como a celebração de "início do ministério petrino":

> Hoje, juntamente com a festa de São José, celebramos o início do ministério do novo Bispo de Roma, Sucessor de Pedro, que também inclui um poder. É certo que Jesus Cristo deu um poder a Pedro, mas de que poder se trata? À tríplice pergunta de Jesus a Pedro sobre o amor, segue-se o tríplice convite: apascenta os meus cordeiros, apascenta as minhas ovelhas. Não

A REFORMA DO PAPADO

esqueçamos jamais que o verdadeiro poder é serviço, e que o próprio Papa, para exercer o poder, deve entrar sempre mais naquele serviço que tem o seu vértice luminoso na Cruz; deve olhar para o serviço humilde, concreto, rico de fé, de São José e, como ele, abrir os braços para guardar todo o Povo de Deus e acolher, com afeto e ternura, a humanidade inteira, especialmente os mais pobres, os mais fracos, os mais pequeninos [...] (FRANCISCO, 2013).

Note-se que, embora faça referência a Pedro, Francisco não se apoiou no texto do Evangelho de Mateus 16,19, como é costumeiro fazer a tradição, mas sim no último capítulo de João, no qual Jesus confia suas ovelhas aos cuidados de Pedro.

É ainda mais curioso e, de certa maneira, até emblemático o fato de o novo papa, ao final da homilia, afirmar que a rocha da Igreja é Deus: "[...] a esperança que levamos tem o horizonte de Deus que nos foi aberto em Cristo, está fundada sobre *a rocha que é Deus*". Desde Paulo VI,[1] os papas vinham fazendo menção a Pedro ser a rocha sobre a qual se edifica a Igreja:

(1) Invocamos também a ajuda de São Pedro, o apóstolo a quem, ainda que indignamente, nós sucedemos. Ainda que tenha vacilado em uma ocasião, ele, que *obteve a solidez da pedra*, segundo a oração de Jesus, de quem recebeu as chaves do supremo poder, não deixará de cobrir-nos com o manto de sua proteção (PAULO VI, 1063, grifos nossos).

---

[1] Aqui partimos de Paulo VI, uma vez que a pesquisa envolve os papas após o Vaticano II.

(2) *Tu és Pedro e sobre esta pedra edificarei a minha Igreja* (Mt 16,18): são as palavras graves, elevadas e solenes que Jesus, em Cesareia de Filipe, dirige a Simão, filho de João, depois de sua profissão de fé, a qual não foi resultado da lógica humana do pescador de Betsaida, ou a expressão de uma particular perspicácia, ou ainda o efeito de uma sua moção psicológica; mas sim fruto misterioso de uma autêntica revelação do Pai celeste. *E Jesus muda o nome de Simão em Pedro, significando com isso a colação de uma especial missão*; promete-lhe que há *de edificar sobre ele a própria Igreja*, a qual não será vencida pelas forças do mal ou da morte; e comete-lhe as chaves do reino de Deus, nomeando-o assim responsável máximo de sua Igreja (JOÃO PAULO I, 1978, grifos nossos).

(3) *Tu és o Cristo, o Filho de Deus vivo!* (Mt 16,16). Estas palavras foram pronunciadas por Simão, filho de Jonas, na região de Cesareia de Filipe. Sim, ele exprimiu-as na sua própria língua, com uma profunda, vivida e sentida convicção; mas elas não tiverem nele a sua fonte, a sua nascente: [...], *porque não foram a carne nem o sangue quem te revelaram, mas o Meu Pai que está nos céus (Mt 16,17). Elas assinalam o início da missão de Pedro na história da salvação, na história do Povo de Deus.* [...] Esta dimensão eclesial da história do Povo de Deus tem as suas origens, nasce efetivamente dessas palavras de fé e está vinculada ao homem que as pronunciou, Pedro: *Tu és Pedro – rocha, pedra – e sobre ti, como sobre uma pedra, eu edificarei a minha Igreja* (Mt 16,18) (JOÃO PAULO II, 1978, grifos nossos).

O Papa Bento XVI, embora não tenha feito menção aos textos de Mateus, tomou como referência a passagem em que Jesus chama a Pedro para ser pescador de homens (Lc 5,1-11) e, ao mesmo tempo, também fez alusão à pesca milagrosa diante do Ressuscitado (Jo 21,1-14). Ratzinger, porém, não se utilizou de expressões como pedra ou rocha, mas desenvolveu a missão do bispo de Roma a partir dos dois símbolos que lhe foram entregues: o pálio e o anel do pescador (BENTO XVI, 2013).

Esta análise mostra-se importante porque, se de um lado, para a ala conservadora da Igreja, o texto da confissão de fé de Simão serve para justificar a posição do papa com um primado de jurisdição, de outro, o Papa Francisco preferiu se apropriar do Evangelho de João, quando Jesus diz a Pedro: "Apascenta as minhas ovelhas" (cf. Jo 21,15-19). Aliás, comentando esta passagem, Konings afirma:

> Na realidade, olhando a partir do v. 19, a vocação de Pedro parece ser mais para o seguimento (pastoreio, apostolado) do que para o primado. A imagem do pastor em vv. 15-17 pode ser aplicada a qualquer apóstolo. A única razão para atribuir a estas frases o sentido de primado, precedência, é a pergunta "mais do que estes (me amam)" no v. 15. [...] É possível que estes versículos nem sequer tratem da primazia universal de Pedro, mas apenas de sua vocação ao apostolado (KONINGS, 2005, p. 371).

Como se pode notar, portanto, Francisco faz um deslocamento importante: o primado tem que se exercer no pastoreio, acima de tudo, e não no poder.

Do ponto de vista prático, Francisco também surpreendeu a todos quando, já no dia 13 de abril, um mês depois de sua primeira aparição, constituiu um conselho de oito cardeais, representantes dos cinco continentes, com a finalidade de ajudá-lo no governo da Igreja universal e estudar um projeto de revisão da Constituição Apostólica *Pastor Bonus*, sobre a Cúria Romana. Compunham a comissão os cardeais: Giuseppe Bertello, da Itália, então presidente da Pontifícia Comissão para o Estado da Cidade do Vaticano; o arcebispo emérito de Santiago, do Chile, Francisco Javier Errázuriz Ossa; o arcebispo de Mumbai, da Índia, Oswald Graças; o arcebispo de Munique, da Alemanha, Reinhard Marx; o arcebispo de Kinshasa, da República Democrática do Congo, Laurent Monsegwo Pasinya; o arcebispo de Boston, dos EUA, Sean Patrick O'Malley; o arcebispo de Sydney, da Austrália, George Pell; o arcebispo de Tegucigalpa, de Honduras, Oscar Andrés Rodriguez Maradiaga, que teve o ofício de coordenador; e o bispo de Albano, Roma, Marcello Semeraro, que assumiu como secretário. Esse gesto do papa já demonstrou, de início, que não era do seu perfil trabalhar sozinho, como escreveram Vidal e Bastante:

> [...] Francisco aposta na colegialidade e na sinodalidade, como instrumentos de governo. O papa está varrendo sua própria casa, para que deixe de ser um contratestemunho. E, como bom político, quer consegui-lo em equipe e contando com todas as tendências. Daí a comissão de oito cardeais de todas as sensibilidades eclesiais. Desde o progressista hondurenho Maradiaga, coordenador e piloto do G-8 cardinalício, até o conservador australiano Pell ou o centrista alemão Marx. Assim, aos mais recalcitrantes, quando se queixarem, sempre se poderá dizer: "Foi coisa de todos" (VIDAL; BASTANTE, 2014, p. 104).

Nas suas aparições públicas na Praça de São Pedro, o novo papa substituiu o papamóvel fechado por um jipe aberto, que o aproxima mais das pessoas. Além dos habituais beijos nas crianças, no próprio dia da inauguração do seu ministério o novo papa desceu do carro para beijar um portador de deficiência física. Às quartas-feiras, nas audiências públicas, percorre a praça por mais de uma hora cumprimentando as pessoas.

Aliás, já no início do pontificado de Francisco, o sociólogo Franco Ferrarotti, em entrevista, disse que o novo papa estava quase inaugurando um novo estilo comunicativo na Igreja. "É um papa culto, assim como todos os jesuítas, mas não é professoral. Sabe usar a linguagem popular, mas sabe trazer para dentro dela toda a sua cultura teológica e filosófica" (FERRAROTTI, 2013).

> Papa Francisco virou do avesso o estilo de comunicação do papado. Ele quer instantaneidade, espontaneidade, sinceridade, convicção. Sua comunicação é global. Fala indistintamente a todos. Ele não tem preferências, pois todos precisam da sua palavra, que se transforma em mensagem. Na comunicação, Papa Francisco dispensa intermediários. Ele mesmo faz-se comunicação com seus gestos, sua espontaneidade, sua instantaneidade. Sua mensagem é universal e dirigida principalmente às periferias existenciais do mundo (VIGANÒ, 2017, p. 7).

É claro que, a partir daí, ao mesmo tempo em que os gestos e as palavras de Bergoglio causam admiração e entusiasmo em uma ala da Igreja, de outro, os chamados conservadores veem-no como um antipapa e afirmam, sem pudor nenhum, que "seu papa" ainda é Bento XVI. De fato, os projetos de Igreja de ambos são bastante diferentes: a era de Wojtyla-Ratzinger legitimou um projeto eclesial centralizado em Roma e vinculado à tradição anterior ao Vaticano II, tornando-o cada vez mais presente na Igreja. Este, por sua vez, foi gestado na teoria e na prática pela Cúria romana e desqualificou como não legítimos projetos renovadores frutos do Vaticano II. Note-se, por exemplo, que o projeto da Igreja dos Pobres, nascida na Conferência de Medellín em 1968, na América Latina, foi monitorado pela Cúria como suspeito de heterodoxia, tornando-se, inclusive, objeto de intervenções estratégicas em Igrejas e personagens latino-americanas nas décadas seguintes (PASSOS, 2018, pp. 359-360). O surpreendente é que a eleição de Bergoglio levou o projeto renovador para o centro da Igreja, ou seja, "a periferia chegou ao centro pelas vias legítimas da tradição eclesial" (PASSOS, 2018, p. 360). Assim, pois, há dois projetos distintos: um de *Igreja autorreferenciada* (Wojtyla-Ratzinger); e um de uma *Igreja em saída* (Francisco):

Igreja autorreferenciada	Igreja em saída
Tradição	Querigma
Instituição	Carisma
Preservação	Reforma
Segurança	Processo
Centralização	Descentralização
Norma	Discernimento
Clericalismo	Povo de Deus
Poder	Serviço

Fonte: PASSOS, 2018, p. 360.

Na Exortação Apostólica *Evangelii Gaudium*, o primeiro documento do papa – se se levar em consideração que a Encíclica *Lumen Fidei* foi "escrita a quatro mãos" –, Francisco disse sonhar com uma opção missionária capaz de transformar tudo, para que "os costumes, os estilos, os horários,

A REFORMA DO PAPADO

a linguagem e toda a estrutura eclesial se tornem um canal mais proporcionado à evangelização do mundo atual que à autopreservação" (EG 27). O papa foi incisivo ao dizer que era preciso mudar *tudo*, ou seja, que era necessário repensar a missão da Igreja nos dias de hoje.

A este pedido, o papa acrescentou: "Dado que sou chamado a viver aquilo que peço aos outros, devo pensar também em uma conversão do papado" (EG 32). Nesse sentido, Francisco colocou-se na linha de seus predecessores, fazendo, igualmente, apelos à reforma no exercício de sua missão:

> [...] Compete-me, como Bispo de Roma, permanecer aberto às sugestões tendentes a um exercício do meu ministério que o torne mais fiel ao significado que Jesus Cristo pretendeu dar-lhe e às necessidades atuais da evangelização. O Papa João Paulo II pediu que o ajudassem a encontrar uma "forma do exercício do primado que, sem renunciar de modo algum ao que é essencial da sua missão, se abra a uma situação nova". Pouco temos avançado nesse sentido. Também o papado e as estruturas centrais da Igreja universal precisam ouvir este apelo a uma conversão pastoral [...]. Uma centralização excessiva, em vez de ajudar, complica a vida da Igreja e sua dinâmica missionária (EG 32).

Mais uma vez, é o próprio papa quem reconhece a necessidade de mudanças na missão do bispo de Roma. Note-se que Francisco não só realçou o apelo de João Paulo II como o atualizou: se, em 1995, o papa polonês destacava a relevância da reforma sob a perspectiva da unidade – logo, *ad extra* –, agora o pontífice argentino realça sua importância para a pastoral – portanto, *ad intra*.

Só que a reforma do papado aparece, também, em estreita ligação com a reforma da Cúria. Nesse sentido, é interessante que no discurso para a troca dos votos de Natal, em 2014, o Papa Francisco tenha surpreendido a todos ao enumerar o que ele chamou de "doenças curiais", às quais o organismo estava sujeito uma vez que, enquanto corpo, poderia sofrer de enfermidades. Dentre elas, o bispo de Roma destacou o sentir-se imortal, o martismo, o empedernimento mental e espiritual, o funcionalismo e a planificação excessiva, a má coordenação, o alzheimer espiritual, a rivalidade e a vanglória, a esquizofrenia existencial, as bisbilhotices, murmurações e críticas, a divinização dos líderes, a indiferença para com os outros, a cara fúnebre, o acumular, os círculos fechados e o lucro mundano, associado ao exibicionismo (FRANCISCO, 2014). Tudo isso toca diretamente ao tema da reforma da Igreja.

Francisco, porém, aponta a urgência de mudanças na sua missão até no próprio cotidiano da vida. Em setembro de 2015, por exemplo, o papa foi ao centro de Roma sem seus seguranças e acompanhado somente pelo motorista para refazer as lentes de seus óculos. Ficou na ótica por quarenta minutos e, claro, atraiu a atenção de uma multidão que circulava pelo local. Segundo noticiou a imprensa, Francisco ainda pediu ao proprietário da loja: "Só preciso fazer as lentes. Não quero gastar muito, mas pagarei o que é devido". O fato de a imprensa, à época, ter noticiado este fato tão simples com bastante veemência prova, pelo menos, duas perspectivas importantes: a primeira, de que realmente a visão do papa que está no imaginário coletivo é a de alguém que, aparentemente, mal pode tocar no chão; segundo, de que o papado estava cercado de tanto luxo e proteção, distante do povo, que uma simples caminhada do bispo de Roma pela rua é capaz de gerar tanto espanto.

É por essas e outras que:

> Francisco é um papa reformador. Essa é a marca mais explícita e, por certo, definitiva de sua pessoa e de seu pontificado. Ela já entrou para a história dos papas com esse perfil de certa forma raro para um líder de uma instituição milenar como a Igreja Católica. O paradoxo do reformador de uma instituição desse padrão é ter que conduzir mudanças no marco da tradição e na gestão de um grande sistema burocraticamente estruturado (PASSOS, 2016, p. 38).

Apesar disso, porém, não basta a mudança na postura do papa para que se mudem os papéis ou as posturas morais. De fato, por mais que seja indiscutível o impacto de determinadas ações ou palavras do Papa Francisco, só ele mesmo pode reformar o papado, enquanto bispo de Roma, e isso precisa ser, ainda que minimamente, institucionalizado (PASSOS, 2016, p. 39).

Nesse sentido,

> [...] tudo indica que o ministério de Francisco como bispo de Roma será breve e pode não ser suficiente para realizar e consolidar as mudanças necessárias. É verdade que o ministério de João XXIII também foi muito curto, mas o suficiente para desencadear um processo de reformas profundas na Igreja; o "papa de transição" terminou sendo o papa que possibilitou uma verdadeira transição na Igreja. Mas isso é muito raro. E é bom não esquecer que o estilo e a perspectiva de João Paulo II e

de Bento XVI se consolidaram e se impuseram ao longo de três décadas (AQUINO JÚNIOR, 2015, p. 995).

Dessa constatação, só há uma verdade a se inferir: as mudanças propostas pelo Papa Francisco são para já.

4.3 Âmbitos para se pensar a reforma do papado

Até a chegada de Francisco, a Igreja se mantinha estável em seus moldes hierárquicos e organizacionais e em suas expressões diretas e legítimas de funcionamento teológico, ou seja, "a instituição e o carisma compunham uma mesma e única realidade de fé, restando unicamente a adesão dos fiéis" (BINOTI, 2017, p. 46).

Dado, portanto, que nos últimos pontificados não se falou tanto em reforma da Igreja como se tem falado em tempos de Francisco, agora se parte para alguns dos âmbitos por onde a reforma do papado se poderia, ao menos, iniciar, levando-se em consideração todo o arcabouço histórico levantado até aqui: nos títulos que dizem respeito ao papa, no olhar à história, na humanização e simplicidade do bispo de Roma, na vivência da colegialidade e na atenção aos pobres.

4.3.1 Repensar os títulos para viver o primado

O título que está com mais veemência no imaginário universal é *papa*. Originalmente, o título de "papa" (pai) era usado em Roma para abades, bispos e patriarcas. Começou a ser utilizado como título de honra do bispo de Roma desde meados do século V, mas foi somente com Gregório VII que

A REFORMA DO PAPADO

se transformou em um termo exclusivo do bispo de Roma. Ainda há exceção para o patriarca de Alexandria, autoridade da Igreja Ortodoxa grega, que mantém esse título até hoje. A rigor, enquanto título, a palavra "papa" não implica dificuldades para o ministério do bispo de Roma, desde que se entenda que, ao menos partindo da etimologia da palavra, não é apenas o bispo da Igreja particular de Roma que é *pappas* – "pai" –, e tampouco se compreenda que este título confere à pessoa do bispo de Roma em exercício um papel de superioridade sobre os demais bispos.

Acima de tudo, no entanto, o papa é *bispo de Roma*, título que, como se mencionou, é o que o Francisco sempre usa ao se referir a si mesmo. De fato, nas origens, a Igreja era vista como uma pentarquia: cinco patriarcados, todos autônomos e em comunhão com os demais, sem admitir um governo central da Igreja nem a intervenção de Roma nas demais igrejas. A questão é que, para os orientais, a autoridade provém do sacramento da Ordem; por essa razão, eles rejeitam o fato de que o papa tenha mais autoridade do que o restante dos bispos. Essa eclesiologia se manteve no Oriente, mas, no Ocidente, Roma procurou estender suas competências a uma eclesiologia universal, tendo o papa por chefe. Aliás, a história dessa extensão do poder pontifício é também a das rupturas da Igreja, sobretudo entre o Oriente e o Ocidente; entre as Igrejas latina e ortodoxa (ESTRADA, 2005, p. 460).

O berço dessa divisão está no Concílio de Calcedônia (451), quando o Papa Leão se recusou a assinar o cânone 28, que conferia a Constantinopla, que na lista dos patriarcados ocupava o quarto lugar, semelhanças com a Igreja de Roma. Constantinopla, previa o Concílio, passaria a ser quase uma "nova Roma". À época, discordando, o papa se recusou a assinar o cânone e, com a queda do Império Romano do Ocidente (476), cada vez mais a Igreja de Roma se afastou das práticas das igrejas orientais, embora, por vezes, intervindo e se julgando no direito de dizer às igrejas o que e como fazer.

A época posterior, da alta Idade Média (séculos VI a X), foi episcopalista e conciliar. Havia, de certa forma, uma autonomia grande em relação ao bispo de Roma, que de forma localizada e isolada podia intervir na qualidade de patriarca e de primaz. A eclesiologia era agostiniana: Pedro é o princípio apostólico, do qual derivam todos os bispos. A Igreja era estruturada em províncias eclesiásticas, governadas por um arcebispo e por vários bispos, com uma grande dependência do primeiro. Havia uma consciência episcopal, com estatutos que regulavam as relações entre o arcebispo e os bispos, muitos dos quais pertenciam à nobreza feudal. A espiritualidade episcopal era influenciada pelo monacato, que revitalizou muitas Igrejas (ESTRADA, 2005, p. 466).

Nesse ínterim, porém, no século VIII, o papa passou a ser um soberano temporal, e a função do *bispo de Roma* começou a ser mundanizada, mesclando o espiritual e o temporal. O trono papal passou a ser cobiçado por outros bispos e, desde o século IX, aumentaram os casos de bispos de outras dioceses que se transferiam para Roma, interessados no "lugar de honra". Nesse cenário, a centralização em torno do papa cresceu, porque, embora houvesse uma aceitação do primado, também havia uma defesa da própria autonomia, o que fazia com que, às vezes, as igrejas resistissem às pressões e às tentativas de intervenção do bispo de Roma e de seus legados (ESTRADA, 2005, pp. 466-467).

Para deter uma eclesiologia que se desenvolvesse distante do papa, os bispos de Roma tentaram dar mais poder a alguns bispos importantes e vinculá-los à sede romana, para contrapô-los a bispos primazes de igrejas nacionais, que eram os da capital do reino. O pálio, por exemplo, usado pelos altos funcionários da corte imperial, foi o símbolo entregue a esses arcebispos, que a partir do século VI receberam o nome de *metropolitas*. Inicialmente, o pálio era usado pelos bispos orientais, que o recebiam de seu arcebispo, e no Ocidente pelo bispo de Roma, que podia entregá-lo a outros bispos italianos. No século IX, o Papa João VIII (872-882) afirmou que a faixa tinha de ser entregue somente depois de ouvir a profissão de fé dos candidatos, ainda escolhidos pelas próprias igrejas locais. Desse modo, os papas começaram a controlar os arcebispos e a estabelecer com eles relações de dependência (ESTRADA, 2005, p. 467).

Nesse período, começou-se também a usar a fórmula "concedemos o arcebispado" para os bispos italianos que recebiam o pálio, que passavam a se chamar "vigários papais", como se a jurisdição viesse do papa e não da Igreja local que os havia escolhido. A partir de 1063, os bispos metropolitas passaram a jurar obediência ao papa, e aumentaram as exigências para que fossem diretamente a Roma e recebessem o pálio. Isso fez com que o pálio, a rigor, deixasse de ser um símbolo religioso para se tornar um instrumento de poder (ESTRADA, 2005, p. 467).

> Pouco a pouco, foram sendo postas as bases de uma eclesiologia, segundo a qual o papa é quem governa a Igreja universal, sendo transformado em seu bispo, título empregado até nossos dias, enquanto os bispos não só estão subordinados ao papa, mas também dele dependem para chegarem a sê-lo. Trata-se de uma concepção totalmente desconhecida da Igreja antiga (ESTRADA, 2005, p. 467).

Essa conduta se mostra ainda hoje, igualmente, na nomeação dos bispos:

> [...] A "ordenação" passou a ser "sagração" episcopal, ou seja, foi reduzida à transmissão, por graça, da *sacra potestas* entre aqueles que a conferem e aquele que a recebe, sem que a assembleia da Igreja local exerça neste ato qualquer função. Às vezes, nem mesmo existe Igreja local, dado que alguém é ordenado bispo não para presidir uma Igreja, mas para legitimar um episcopado de dignidade funcional ou até para conferir-lhe prestígio no exercício de alguma função burocrática. Com isso, a união recíproca entre o Bispo e sua Igreja, simbolizada no anel episcopal, se enfraquece. [...] É como se o Bispo se tornasse membro do Colégio mais pela nomeação por parte do papa do que por sua ordenação no seio de uma Igreja local, o que dá margem ao Colégio a exercer um poder "sobre" a Igreja e não um poder "na" Igreja (BRIGHENTI, 2020, pp. 204-205).

Agora fica possível perceber e constatar dois gestos importantes do atual papa: primeiro, o fato de, em 2013, na sua missa de entronização, ele continuar a se denominar como *bispo de Roma*, mostrando-se aberto ao diálogo ecumênico e resgatando as origens de sua missão, a ponto de, pela primeira vez na história, na missa de início de pontificado de um papa, estar presente o patriarca de Constantinopla, Bartolomeu I, a quem o papa chamou de *Fratello Andrea*, resgatando a antiga tradição que ensina que Pedro e André eram irmãos. Mais do que isso: é importante mencionar o fato de que, em 2015, o Papa Francisco decidiu que o pálio não seria mais entregue por ele, pessoalmente, na solenidade dos apóstolos Pedro e Paulo, como era feito nos pontificados anteriores aos novos arcebispos. A partir daí, dizia o papa, o núncio apostólico deveria ir para fazer essa entrega na própria Igreja particular, de modo a favorecer a participação da Igreja local em um momento importante de sua vida e de sua história. Ainda que, diretamente, a comunidade não participe na escolha de seu arcebispo – ao menos por enquanto –, pelo menos na entrega do pálio a arquidiocese deve estar presente.

Há outros títulos que, igualmente, começaram a se desenvolver à medida que o centralismo papal avançava. É o que acontece, por exemplo, com o *sucessor de Pedro*. Para Cipriano, todos os bispos são sucessores de Pedro; e apesar de ele usar a tradicional passagem de Mt 16,16-18, o uso não é para legitimar a autoridade de Roma, mas de todos os bispos em geral, visto que todos participaram da cátedra fundada pelo Senhor "sobre Pedro" (ESTRADA, 2005, p. 450).

O primeiro papa a recorrer à "autoridade de Pedro" foi Estêvão I (254-257), que exigiu, inclusive do próprio Cipriano, que ele parasse de "rebatizar" os hereges que voltassem ao seio da Igreja. Foi a primeira vez que o bispo de Roma apelou à obediência de um bispo que, por sua vez, lhe retrucou afirmando que Pedro jamais exigira um primado e, tampouco, que o obedecessem. Também esse foi o início da vinculação do papa a Pedro em função da promessa de fundar a Igreja, uma teologia que vai reaparecer somente no século IV e é desconhecida no Novo Testamento.

O mesmo ocorreu com o título, usado hoje, de *sumo pontífice*. O termo "pontífice", em si, era usado no sacerdócio judaico, e até o fim do século IV não foi usado por bispo nenhum. O papel do pontífice era ser intermediário entre Deus e as pessoas. Tratava-se de um título imperial, ao qual o imperador Graciano renunciou em 382. O primeiro papa a utilizá-lo foi Leão, que se autointitulou "pontífice máximo" ou "sumo pontífice", cujo uso foi amplo entre os papas renascentistas e reservado, pelo Concílio de Trento, para o papa (ESTRADA, 2005, p. 457).

Na verdade, até o século XI os papas se apropriaram mais dos títulos de "sucessor" ou "vigário de Pedro", provenientes dos papas dos séculos V e VI. O título *vigário de Cristo*, que representa um grande problema em perspectiva ecumênica, era atribuído livremente aos bispos desde a era patrística, mas não de modo usual. O primeiro papa que o usou em um documento foi Eugênio III (1145-1153), embora tenha adquirido um caráter político com Inocêncio IV (1243-1254), que, baseado na soberania de Cristo, reclamou o direito a bens temporais. Hoje, "há uma forte corrente teológica em favor de que o papa renuncie a esse título medieval" (ESTRADA, 2005, p. 482).

Sobre os títulos,

> [...] deve-se distinguir aquilo que foi sendo entendido como uma única realidade: *bispo de Roma = cátedra petrina = sumo pontífice = vigário de Cristo = bispo universal*. As incorporações políticas de cunho monárquico devem ser todas eliminadas não somente por anacronismo, mas pelo Evangelho que funda todo ministério eclesial unicamente no serviço. O imaginário do papado é feito desse amálgama de conceitos e práticas políticas e eclesiais. A desmontagem do que é desnecessário e incoerente com a missão petrina, sobretudo nos tempos atuais, é um grande desafio [...] (PASSOS, 2018, p. 262).

Nesse sentido, foi salutar, por exemplo, João Paulo II se apresentar como "bispo de Roma e pastor universal":

> Esta categoria de "pastor universal" poderia muito bem, sem eliminá-la, tomar o lugar da de "jurisdição", privilegiando a finalidade espiritual do "poder", que é reunir os irmãos na profissão fervorosa da fé e do amor do Senhor Jesus. É de fato o serviço da comunhão das Igrejas realizado pela comunhão dos cristãos. A expressão tem origem no Vaticano II, onde se aproxima de outras equivalentes. Bem estranhamente, no entanto, o Vaticano II não menciona o título "bispo de Roma" (CONGAR, 1997, p. 26).

Fato é que, desses títulos maiores, derivam ainda outros, de ordem mais jurídica, tal qual *romano pontífice*. Do que, porém, não há dúvidas é de que o papa é, acima e antes de tudo, *bispo de Roma*, e este é o título que lhe é mais apropriado se quer viver o primado, tal qual na Igreja Antiga, respeitando a autonomia das igrejas locais.

4.3.2 Olhar a história para iluminar

Em mais de uma ocasião já se destacou, aqui, a importância de se olhar para a história partindo, no que diz respeito ao papado, da própria pessoa e missão de Pedro, no qual a Igreja encontrou o fundamento para justificar a missão do papa. No entanto, alguns aspectos ainda merecem ser abordados. De fato, o olhar para a história é importante porque

> a destruição do passado é um dos fenômenos mais característicos do século XX. Quase todos os jovens crescem numa espécie de presente contínuo. Sem qualquer relação orgânica com o passado. [...] A perda da memória é um evento escravizador. É por isso mesmo que a mais antiga tradição filosófica do ocidente afirma que o destino da humanidade depende da sua capacidade e vontade de recuperar memórias perdidas (SOUZA, 2016, p. 174).

Nesse sentido, no que tange ao papado, o primeiro elemento a se destacar é que não há, no Novo Testamento, um primado de Pedro sobre Paulo, Tiago e outros apóstolos, e sim um governo conjunto de todos, com diferentes áreas apostólicas de influência e com distintas teologias. Na chamada "assembleia de Jerusalém", por exemplo, o último a falar não é Pedro, mas Tiago; e a decisão da comunidade parece, pelo desenrolar do texto, inspirar-se no seu posicionamento, ainda que Pedro também discurse (cf. At 15,6-28).

De fato, as diversas listas episcopais romanas conhecidas foram criadas para mostrar a continuidade episcopal a partir de personagens conhecidos dessa Igreja, apresentados como bispos. Irineu pôs Lino como primeiro bispo de

Roma; para Tertuliano, foi Clemente que, segundo ele, fora ordenado pelo próprio Pedro. Outras listas, já em meados do século III, já partem de Pedro como o primeiro bispo da Igreja romana, transformando-o no primeiro hierarca de uma Igreja local. A afirmação de Jerônimo, recolhido por Eusébio, de que Pedro viveu 25 anos em Roma e teve Lino e Cleto como auxiliares, é incompatível com a tradição histórica, que data sua morte sob o império de Nero, na década de 60 (ESTRADA, 2005, p. 448).

No entanto, o papado não precisa, necessariamente, ter o fundamento em um fato incerto de que Pedro fora o primeiro bispo de Roma. O que se precisa ter clareza é que, como afirma Passos, "o papado funda-se no *carisma petrino*" (PASSOS, 2018, p. 252). Logo, falar em reforma do papado implica assumir a missão do papa como construções e reconstruções permanentes, como consciência de sua fidelidade ao carisma original e como modo mais adequado de vivenciá-lo e comunicá-lo em cada tempo e lugar, porque, afinal de contas, "o *carisma petrino* permanece, o papado muda" (PASSOS, 2018, p. 253).

Congar vai ainda mais longe:

> Nós falamos de "carisma de Pedro". É necessário juntar a ele o de Paulo, nas origens da Igreja romana e de sua primazia. Nos seus atos mais solenes, o papa reivindica a "autoridade dos apóstolos Pedro e Paulo": tanto para a convocação de um concílio e as canonizações como para uma definição dogmática. Paulo é a solicitude por todas as Igrejas, é a palavra, o ensinamento, é a busca da comunhão das Igrejas dos gentios com a de Jerusalém por meio da coleta. Comentando o padroado

de Paulo ao lado do de Pedro, os teólogos atribuíram a Paulo a *doctrina* e a Pedro, a autoridade de governo. É preciso, sobretudo, dar graças aos desígnios da Providência, que quis juntar à Pedra este Paulo [...] (CONGAR, 1997, p. 25).

Além disso, como se falou do regime da pentarquia, é importante salientar ainda que, na Igreja Antiga, a participação dos cinco patriarcas era, para um Concílio, uma condição e um critério de ecumenicidade, porque os patriarcas representavam um ponto de intermediação na comunhão entre os bispos, expressão da comunhão das Igrejas. Daqui, pois, deriva outra premissa: é perfeitamente discutível, histórica e teologicamente, dizer que o direito de instituir os bispos, por exemplo, pertence por natureza ao papa, ou seja, o papa pode empenhar seu título de primazia no ato de nomear os bispos, mas seu título de primazia não exige isso. Por séculos, os bispos foram eleitos, e até sés foram criadas, sem intervenção nenhuma do papa, que possuía, no entanto, sua primazia e a exercia nessas ocasiões. Isso para dizer que "Cristo instituiu Pedro, mas é a história que o moldou em papado" (CONGAR, 1997, p. 60).

A reforma do papado é possível, após o Vaticano II, porque foi este quem reconheceu a realidade das igrejas particulares e a verdade da instituição patriarcal, além de legitimar uma ou outra Igreja, que não a latina, e reabrir o capítulo da colegialidade e da sinodalidade. De fato, é a partir de João XXIII e de Paulo VI que se pode pensar em uma maneira evangélica de ser papa (CONGAR, 1997, p. 69).

Quando, por exemplo, no dia 14 de setembro de 1975, Paulo VI ajoelhou-se diante do metropolita Melitão de

A REFORMA DO PAPADO

Calcedônia e beijou-lhe os pés, este gesto suscitou no patriarca Dimitrios I a exclamação: "Paulo VI ultrapassou o papado".

No entanto,

> uma reforma eclesial sempre questiona hábitos passados, compreensões tradicionais, formulações familiares. Sentimo-nos incomodados por ter que lidar com realidades, expressões e práticas novas. Experimentamos também certa insegurança diante do que nos é proposto, como se nossa fé estivesse ameaçada por estes novos desafios. Pois nos acostumamos a experimentar certa uniformidade na vida da Igreja, e as mudanças sempre demandam esforços de adaptação. Por outro lado, reconhecemos que determinadas tradições vigentes na Igreja pouco correspondem à mensagem evangélica e que deveriam ser corrigidas ou eliminadas. Não nos deve, portanto, admirar que o Papa Francisco desperte alegria e entusiasmo por parte de muitos, mas igualmente provoque resistências por parte de outros (MIRANDA, 2016, pp. 861-862).

Apesar disso, não há dúvidas de que olhar para a história pode ser um caminho extraordinário para se constatar como o papado foi construído de acordo com a condição histórica em que se situava. A questão é se haverá coragem suficiente para esse reconhecimento e, em um passo posterior, assumi-lo com novas configurações.

4.3.3 Humanizar com simplicidade

À luz dos gestos do Papa Francisco, mas já com a renúncia de Bento XVI, é possível inferir algo bastante fundamental que, por mais que seja óbvio, para alguns ainda é admirável: o papa é um ser humano. A todo momento, Francisco surpreende por realizar pequenos gestos, até insignificantes, mas que, pelo fato de, na mentalidade de muitos, o papa ser, no sentido literal da palavra, o *vigário de Cristo*, nunca se imaginar que pudesse realizá-los.

Logo depois de sua eleição, por exemplo, ainda alojado na Casa de Santa Marta enquanto o apartamento papal estava sendo preparado, Francisco fez as refeições com os outros cardeais, a quem chamou de "irmãos". Tomou, com eles, o micro--ônibus, recusando o carro particular. Enquanto os chamados "príncipes da Igreja" aguardavam para cumprimentá-lo, o papa foi diretamente ao cardeal indiano Ivan Dias, imobilizado na cadeira de rodas. Este fato foi relatado, depois, pelo cardeal Hummes. Na missa de entronização, ao invés de se sentar na cadeira papal para proferir a homilia, falou em pé, do ambão.

Aliás, já antes da missa, o papa telefonou pessoalmente para a catedral de Buenos Aires, onde conversou, brevemente, com uma multidão que estava em vigília pelo início de sua missão:

> Cuidem-se, cuidem-se entre vocês, cuidem da natureza, cuidem das crianças, cuidem dos idosos, que não haja ódio, dialoguem, deixem a inveja de lado, que entre vocês este desejo de se cuidar cresça. Deus é bom, Deus sempre perdoa, Deus compreende, não tenham medo. Deus é pai, aproximem-se dele. E, por favor, não se esqueçam deste bispo que está longe, mas os quer muito bem (FRANCISCO apud BBC NEWS, 2013).

No dia 22 de março de 2013, o próprio papa tomou o telefone para ligar para seu jornaleiro, em Buenos Aires, para cancelar a entrega do jornal. Também telefonou para seu dentista que vivia na Argentina e lhe enviara saudações pela indicação ao bispado de Roma. O telefonema era unicamente para agradecê-lo. Eram gestos de um papa simples que, tendo assumido a função de papa, não deixava de ser quem era, mas assumia o encargo exatamente como era.

O papa também fez questão de dizer ao mundo que, sendo homem, é pecador. No dia 28 de março de 2014, surpreendeu inclusive seu mestre de cerimônias, monsenhor Guido Marini. Na Basílica de São Pedro, depois de proferir uma breve reflexão sobre o sacramento da Reconciliação, o papa deveria ir até o confessionário para ouvir as confissões dos fiéis, junto a outros sessenta sacerdotes espalhados pelo templo. No entanto, mesmo o monsenhor indicando-lhe o confessionário vazio, o papa dirigiu-se a outro, ajoelhou-se diante de um sacerdote surpreso e se confessou.

Se, como se afirmou, a renúncia de Bento XVI já humanizou o papado, porque demonstrou que por detrás da árdua missão está um ser humano como outro qualquer, Francisco segue nessa mesma dinâmica, mas dando passos ainda maiores, porque faz e diz coisas próprias do cotidiano. Em maio de 2021, por exemplo, disse a um padre brasileiro, da Paraíba, que pediu orações pelo país: "Não tem salvação. É muita cachaça e pouca oração". De fato, o papa não é apenas um ser humano, mas um homem feliz e entusiasmado que, para curar seu problema no joelho, disse ser necessária uma dose de tequila.

4.3.4 Viver a colegialidade para gozar o primado

O papado foi uma das questões disputadas mais difíceis do Vaticano II, porque, durante o trabalho conciliar, havia duas visões distintas de Igreja. A primeira era aquela cuja caminhada era definida pela hierarquia. No centro estava o papa, a partir do qual se definiam os rumos da Igreja. Nesse modelo, os bispos seriam quase auxiliares do bispo de Roma. A segunda visão, por sua vez, definia a Igreja como comunhão do conjunto dos batizados e, com raízes bíblicas e patrísticas, entendia o papado como uma função exercida na colegialidade: não há papa sem os demais bispos e é somente nessa comunhão que o papado é exercido; e assim se pode falar no primado do bispo de Roma (PASSOS, 2016, p. 47).

Nessa perspectiva, reforma da Cúria, do papado e da colegialidade são realidades que se condicionam mutuamente. Essa ideia vem de Legrand, que sintetiza suas análises nas seguintes premissas: 1) não se produzirá um enfoque justo da colegialidade se, em primeiro lugar, as igrejas locais não recuperarem a sua verdadeira consistência; 2) sem dioceses que sejam sujeitos de direito e de iniciativa na comunhão das igrejas, a colegialidade se deformará; 3) é preciso compreender o colégio episcopal como colégio de presidentes de igrejas locais (LEGRAND, 2013, p. 80).

O autor escreve que a valorização das igrejas locais e, por sua vez, de seus bispos enquanto membros do colégio, poderia acontecer por meio de diversas iniciativas:

> [...] tornar obrigatória sua ordenação no meio de seu povo; expressar melhor sua acolhida; prescrever que preste contas

anualmente do seu ministério aos conselhos diocesanos e ao sínodo, quando este for convocado; quanto aos auxiliares, eles devem assumir uma Sé, e não receber o título de uma igreja inexistente. De não se fazer nada para devolver às dioceses seu status de elemento constitutivo da comunhão das igrejas, seguiram [as dioceses] degradando-se em circunscrições administrativas da Igreja universal [...] (LEGRAND, 2013, p. 83).

A colegialidade, fruto da comunhão dos bispos, até agora ainda está engatinhando. Apesar da constituição do Sínodo dos Bispos, como fruto do Vaticano II, as regras e as práticas dos sínodos continuaram reproduzindo a centralidade do papa e da Cúria romana: tornou-se, enfim, uma assembleia consultiva que pode ou não ser acolhida pelo bispo de Roma. O Vaticano II, nesse sentido, não teria chegado no cerne da questão: nem na Cúria nem no exercício do papado (PASSOS, 2016, p. 48).

No caso das Conferências Episcopais, por exemplo, uma instância na qual o exercício da colegialidade ganharia bastante visibilidade, repetidamente Roma dá claros sinais de desconfiança em relação a elas; e, mais do que isso, põe em evidência certas práticas políticas com tendência a limitá-las. Essa maneira de agir faz crer que não é necessário dar atenção ao episcopado do país, uma vez que não é competente nem confiável. Ao fazê-lo, por sua vez, Roma não percebe que desvaloriza o seu bispo, afinal de contas, quem nomeia os bispos para as dioceses, segundo o que é noticiado, senão o papa?

As razões pelas quais Roma dá sinais de desconfiança são diversas. Uma primeira é a frequente entrada de peritos nas sedes centrais das Conferências Episcopais. Algumas vezes, os temas trazidos eram tão complexos e a documentação tão ampla que se poderia pensar que os bispos deixavam as decisões aos especialistas, sem exercer o seu papel próprio de juízes e testemunhos da fé. Segundo, houve uma queixa de que o papel dos bispos, individualmente, estaria sendo minimizado por uma poderosa maioria. Logo, os bispos, em menor número, estariam sendo obrigados a aceitar decisões da Conferência que, inclusive, chegavam a intervir em sua função de bispos diocesanos. Por último, surgiu também o medo de que as Conferências pudessem se tornar uma ameaça para a autoridade papal, uma reminiscência da controvérsia "concílio-*versus*-papa" da baixa Idade Média (QUINN, 2002, pp. 116-117).

Apesar de tudo, a Igreja precisa estar disposta a assumir alguns riscos, na tentativa de uma colegialidade mais funcional:

> [...] Assumir riscos pode implicar uma genuína prudência evangélica e autêntico discernimento. Não é a mesma coisa que irresponsabilidade. João XXIII assumiu um grande risco quando convocou o Concílio. João Paulo II assumiu um grande risco quando convidou a todos para uma honesta reflexão sobre como o papado é e continua sendo um grande obstáculo para a unidade cristã. Todos esses são riscos evangélicos, assumidos em nome do Evangelho e por amor ao Evangelho. É um tipo de audaz prudência evangélica, exigido pelo urgente apelo em favor da unidade cristã (QUINN, 2002, pp. 124-125).

Nesse aspecto, a via da sinodalidade seria um caminho que poderia levar a Igreja unida a crescer em harmonia com o primado; seria o marco interpretativo mais adequado para compreender o exercício do ministério hierárquico em todos os níveis da vida eclesial (TERRAZAS, 2017, p. 329). Quinn, em perspectiva semelhante, afirma que "a doutrina da colegialidade episcopal é um contexto, uma chave para a interpretação do primado do papa" (QUINN, 2002, p. 126).

> A articulação da colegialidade episcopal e do ministério petrino deve ser feita de tal forma que a ação do pastor supremo e universal potencialize a dignidade e a consistência do ministério dos bispos, como conjunto. Assim, o colégio episcopal pode ser visto como ícone da comunhão trinitária. Com efeito, a Igreja Católica é uma comunhão de igrejas e deve expressar, de modo visível, a unidade que constitui. O Colégio dos Bispos exige um centro de unidade que possa expressar e garantir a comunhão. Porquanto, a constituição hierárquica da Igreja é colegial e primacial. O primado é o organismo eclesial que expressa e garante a unidade das igrejas e dos bispos (FORNASIER; VALOIS, 2021, p. 269).

No caso do pontificado atual, Silva destaca que uma leitura atenta dos documentos pontifícios de Francisco faz enxergar que o papa preza pela colegialidade, o que se mostra pelas ocasiões em que absorve e cita o pensamento das Conferências Episcopais, ou pelas vezes em que escuta e transmite a voz dos padres sinodais, ou, ainda, quando reconhece e assume para si o pensamento de outros papas. Como escreve a autora, "a maneira de Francisco governar e apresentar seu pensamento é, na verdade, de modo a valorizar os outros, ou seja, ele esquiva-se de pontar os holofotes a si, ainda que saiba ser impossível viver no anonimato" (SILVA, 2018, p. 177).

Na mesma linha, vale a anotação de Gonzaga (2014, p. 76), que, em uma leitura da *Evangelii Gaudium*, destacou que Francisco fez ecoar, no documento, as vozes dos irmãos bispos do mundo todo. Por isso, ele cita os bispos latino-americanos (EG 15), da África (EG 62), da Ásia (EG 62), dos Estados Unidos da América (EG 64), da França (EG 66), da Oceania (EG 118), novamente o CELAM com o DAp (EG 124), do Brasil (EG 190), das Filipinas (EG 125), da República Democrática do Congo (EG 230) e da Índia (EG 250). De fato, o papa, se quer gozar de um primado, é baseando-se na colegialidade.

4.3.5 Dar atenção aos pobres para ser fiel à missão

Quando da sua eleição, em março de 2013, uma das primeiras iniciativas do Papa Francisco foi ligar para o núncio apostólico, em Buenos Aires, para lhe pedir que comunicasse aos bispos argentinos de sua eleição ao ministério petrino. A estes, por sua vez, Francisco pediu que alertassem os fiéis argentinos para que não gastassem dinheiro com uma viagem cara até Roma, para sua missa de início de pontificado, mas, ao contrário, que fizessem uma contribuição aos pobres com o valor que gastariam. No mesmo ano, em agosto, Francisco foi o primeiro doador da campanha "Mais por menos", que é organizada pela Igreja Católica argentina. Segundo noticiou a imprensa, o papa fez uma doação de US$ 132 mil. Era o início das ações de um papa que ama, realmente, os pobres.

Na Exortação Apostólica *Evangelii Gaudium*, saltam aos olhos alguns parágrafos nos quais o papa se refere aos pobres: "A própria beleza do Evangelho nem sempre a conseguimos manifestar adequadamente, mas há um sinal que nunca deve faltar: a opção pelos últimos, por aqueles que a sociedade descarta e lança fora" (EG 195); "Todo o caminho da nossa redenção está assinalado pelos pobres" (EG 197):

> Para a Igreja, a opção pelos pobres é mais uma *categoria teológica* que cultural, sociológica, política ou filosófica. [...] Por isso, desejo uma Igreja pobre para os pobres. Eles têm muito para nos ensinar. [...] É necessário que nos deixemos evangelizar por eles. A nova evangelização é um convite a reconhecer a força salvífica de suas vidas, e a colocá-los no centro do caminho da Igreja (EG 198, grifo nosso).

Sem sombra de dúvidas, o Papa Francisco se situa na esteira das Conferências do Episcopado Latino-Americano e do Caribe. É por isso que não se pode esperar sinais diferentes destes na redação da *Evangelii Gaudium*, que contém o seu "programa de governo". Mas não só: na Carta Encíclica *Laudato Si'*, o papa escreveu que o princípio do bem comum era uma consequência lógica e inevitável da opção preferencial pelos mais pobres:

> Esta opção [...] exige acima de tudo contemplar a imensa dignidade do pobre à luz das mais profundas convicções de fé. Basta observar a realidade para compreender que, hoje, esta opção é uma exigência ética fundamental para a efetiva realização do bem comum (LS 158).

Os pobres ocupam um lugar privilegiado no ministério do Papa Francisco, que, enquanto bispo da diocese que preside as demais na caridade, procura a todo tempo conferir-lhes um lugar de destaque na vida e na missão da Igreja.

Aliás, foi certamente neste espírito que o Papa Francisco instituiu, no ano de 2017, para o 33º domingo do Tempo Comum, o Dia Mundial dos Pobres, e de modo bastante inteligente: um domingo antes de se celebrar a solenidade de Cristo Rei. Antes da realeza de Cristo, estão os pobres, os preferidos de seu Reino; o projeto de Jesus, o Reino de Deus do qual a Igreja é sinal, só chegará à plenitude quando esta aprender a cuidar dos pobres. Jesus é Rei, acima de tudo, dos pobres. Aliás, o próprio papa afirmou essa realidade, quando escreveu, na I Mensagem para este dia:

> Na verdade, a realeza de Cristo aparece em todo o seu significado precisamente no Gólgota, quando o Inocente, pregado na cruz, pobre, nu e privado de tudo, encarna e revela a plenitude do amor de Deus. O seu completo abandono ao Pai, ao mesmo tempo que exprime a sua pobreza total, torna evidente a força deste Amor, que o ressuscita para uma vida nova no dia de Páscoa (FRANCISCO, 2017).

Até mesmo na Exortação Apostólica *Gaudete et Exsultate*, sobre o chamado à santidade nos dias atuais, de 2018, o papa escreveu:

> [...] Não há mais duas fórmulas ou dois preceitos: [Jesus] entrega-nos dois rostos, ou melhor, um só: o de Deus, que se reflete em muitos, porque em cada irmão, especialmente no mais pequeno, frágil, inerme e necessitado, está presente a própria imagem de Deus. De fato, será com os descartados desta humanidade vulnerável que, no fim dos tempos, o Senhor plasmará a sua última obra de arte (GeE 61).

A REFORMA DO PAPADO

O que se percebe, portanto, é que a conversão pastoral sonhada por Francisco faz ver que o serviço aos pobres é tão essencial à Igreja quanto a pregação da Palavra e a celebração dos sacramentos; um serviço que, segundo Melo, pode se concretizar de duas maneiras: a solidariedade imediata e o compromisso na luta em favor da justiça, duas realidades que se interpenetram (MELO, 2008, p. 37).

Mais do que isso, por detrás do amor de Francisco aos pobres está também a, por assim dizer, atualização dessa opção, afinal, o papa está sempre conectando os grandes problemas enfrentados pela humanidade – tais como a situação dos imigrantes e refugiados, a realidade degradante do meio ambiente, a violência, as injustiças sociais, a economia que prioriza o mercado e tantos outros –, salientando a necessidade de a Igreja contribuir no enfrentamento dessas condições humanas. Na perspectiva, porém, de Passos e Jesus, Francisco cunha uma expressão que está presente frequentemente em seus discursos e reflexões: *periferias existenciais* (PASSOS; JESUS, 2020, p. 644-645). Questionado, inclusive, sobre a comunidade LGBTQIA+, que também pode ser incluída dentro dos pobres de hoje, em sentido amplo, o papa, no voo de regresso do Rio de Janeiro, após a conclusão da Jornada Mundial da Juventude em 2013, disse: "O problema não é ter essa orientação, não; devemos ser irmãos".

No dia em que se celebrou o II Dia Mundial dos Pobres, em 2018, o Papa Francisco, na homilia da Santa Missa, exortou:

[...] Peçamos a graça de ouvir o grito de quem vive em águas borrascosas. *O grito dos pobres*: é o grito estrangulado de bebês que não podem vir à luz, de crianças que passam fome, de adolescentes acostumados ao estrondo das bombas ao invés da algazarra alegre das brincadeiras. É o grito de idosos descartados e deixados sozinhos. É o grito de quem se encontra a enfrentar as tempestades da vida sem uma presença amiga. É o grito daqueles que têm de fugir, deixando a casa e a terra sem a certeza de um refúgio. É o grito de populações inteiras, privadas inclusive dos enormes recursos naturais de que dispõem. É o grito dos inúmeros Lázaros que choram, enquanto poucos epulões se banqueteiam com aquilo que, por justiça, é para todos. A injustiça é a raiz perversa da pobreza (FRANCISCO, 2018).

É notória a convicção do Papa Francisco no que diz respeito à opção preferencial pelos pobres, como fruto, inclusive, de sua formação, de seu pastoreio e, especialmente, de sua análise de conjuntura, se assim se pode dizer, tanto da realidade quanto da própria Igreja, por vezes perdida em valores efêmeros e conflitos em virtude de cargos, poder, vaidades e assim sucessivamente.

De fato, "houve um homem enviado por Deus para realizar essa missão messiânica. Seu nome é Francisco de Roma, inspirado em Francisco de Assis. Ambos foram chamados, em seu tempo, para restaurar e refundar a Igreja de Cristo e dos Apóstolos" (BOFF, 2014, p. 129). Agora é caminhar com ele e abraçar o seu projeto.

CONSIDERAÇÕES

A primeira realidade a se esclarecer é que, de maneira nenhuma, este texto se propôs a esgotar o tema da reforma do papado. Aliás, visto que a Igreja precisa de reforma perene, é mais do que urgente que se aborde o tema da renovação também em outras esferas, e não apenas no ministério petrino. O caminho que aqui se propôs, na verdade, pretendeu ser uma espécie de guia para apontar tão somente algumas das estradas possíveis por onde, efetivamente, qualquer mudança poderia ocorrer.

Se, como escreveu Cícero, *historia magistra est* – a história é mestra da vida –, olhá-la e percebê-la também como um horizonte para iluminar a teologia é uma atitude, de certa forma, até justa com a caminhada da Igreja que, enquanto Povo de Deus, igualmente caminha na história. Nesse sentido, não é necessário muito esforço para perceber que, de fato, a monarquia que se construiu em torno do papado é fruto de um longo processo histórico, inclusive de confusões e divisões internas que, naturalmente, provocaram também dificuldades na relação entre a Igreja e a sociedade. Logo, à problemática levantada para o desenvolvimento desta pesquisa, a resposta parece ser simples, embora de longa complexidade: uma reforma do papado depende, necessariamente, de um se voltar à história, antiga e recente, para se constatar diversos elementos que, sim, se encaixam, mas que também possuem suas incongruências.

Uma primeira constatação importante é a de que os dogmas da infalibilidade papal, quando o bispo de Roma fala *ex catedra* no que diz respeito à fé e à moral, e do primado de jurisdição sobre toda a Igreja, foram construídos e formulados em um momento muito difícil da história: à medida que o papa perdia o poder temporal e, ao mesmo tempo, o prestígio, tratou de reforçar ou mostrar seu poder ao menos no que dizia respeito à caminhada da Igreja. Neste mesmo contexto se situam os dogmas da Imaculada Conceição e o *Syllabus*, que condenou os chamados "erros modernos". Isso significa que, situados historicamente, é possível perfeitamente discutir se os dogmas papais são realmente necessários e compõem, de fato, o *depositum fidei* como elementos *sine qua non* para a fé e a disciplina da Igreja. Por mais que apareçam debates diversos tentando amenizar a força dessas verdades, no seu sentido lato eles ainda podem servir para justificar futuras atitudes intransigentes por parte do papa, o que, não se pode negar, não deixa de ser um risco, sobretudo com a onda ultramontana contemporânea.

Como se mostrou, não muitos decênios depois do Vaticano I, os próprios papas reconheceram que era preciso mudar a forma de exercício do ministério petrino. Com a

A REFORMA DO PAPADO

força renovadora que o Vaticano II trouxe para a vida da Igreja, reconheceu-se ainda mais que mudanças eram necessárias. No entanto, ainda permanece muita desconfiança, porque se sabe perfeitamente que o papa não governa a Igreja sozinho e a seu modo: por detrás dele, existe toda uma estrutura hierárquica, burocrática e a quem, inclusive, em sua maioria, parece interessar que as coisas permaneçam exatamente como estão.

Por isso, o desafio que se mantém é o de como construir uma nova maneira de o bispo de Roma ser papa também sem ferir a autonomia das igrejas locais e respeitando os organismos colegiados de cada nação ou continente, como as Conferências Episcopais. Isso envolve, sobretudo, abraçar um caminho diferente no que tange ao governo da Igreja, e deverá passar, necessariamente, pela reforma da Cúria Romana, um caminho já iniciado pelo Papa Francisco tão logo assumiu o leme da Barca. O atual modelo eclesial, no qual as conferências apenas subsistem como uma espécie de reprodutoras dos anseios da Cúria Romana, não pode mais existir, sob o risco de, inclusive, fazer a Igreja ser uniforme, e não una, como professa o Símbolo de Fé.

A revisão no *modus operandi* da missão do papa, porém, exigirá força da Igreja não só para reorganizar suas questões burocráticas como também para rever a própria fundamentação teológica e bíblica desse encargo. De fato, *é* possível afirmar que Pedro sempre teve um papel de maior preponderância entre os demais apóstolos, segundo as Escrituras, mas também a história comprova que entre ser *chefe da Igreja* e ser *príncipe dos apóstolos* há uma diferença suntuosa.

Aqui, porém, se repousa uma dificuldade ainda maior, porque há quem entenda reformas desse gênero, que tocam diretamente nos fundamentos, como uma espécie de ofensiva *à* tradição, já que há quase uma cultura eclesial consolidada que, em qualquer tentativa de mudança, tudo vê como uma ameaça. Entretanto, toda reforma se faz legítima justamente quando se mostra capaz de fazer o *ressourcement*: *é* a partir do fundamento mais original que qualquer instituição não só pode como deve se renovar.

Nesta perspectiva, há um caminho que o Papa Francisco quis abraçar. Uma vez que "só o amor é digno de fé" (VON BALTHASAR, 2013), o atual bispo de Roma parece partir de uma premissa diferente para provocar a reforma: não é apenas pensando em questões relacionadas ao poder em si, mas se voltando àquilo que é realmente importante: o serviço. "O poder protege, o serviço expõe" (PASSOS, 2018, p. 261). Logo, uma reforma do papado, que só pode vir do próprio papa, tem se mostrado necessária e urgente nos pequenos gestos de Francisco, que, para além de questões próprias de um poder sagrado, se volta tão somente ao elementar da Igreja e do cristianismo: o outro, a saída de si, a misericórdia, a fraternidade, entre outros. É por aí que Francisco vai: papado e cúria, bispos e padres são serviços que se realizam na Igreja; logo, o que extrapola esta *verdade de fé*, no seu sentido forte, precisa ser corrigido.

Entretanto, embora o objetivo não seja, naturalmente, desenvolver aqui "futurologia", a reforma do papado precisa ser minimamente institucionalizada, porque os papas mudam e, com eles, também as mentalidades e os mecanismos

A REFORMA DO PAPADO

de poder. Hoje há um bispo de Roma que, certamente, já recebeu o qualificativo de reformador. No entanto, na história recente, foram aproximadamente 35 anos nos pontificados de João Paulo II e Bento XVI em que a Igreja viu um verdadeiro resfriamento daquilo que o Concílio pretendia viver. É por isso que a reforma deve ser escrita para se perpetuar nos pontificados seguintes. Esta é, sim, uma atitude verdadeiramente evangélica, e seria, em parte, abraçar o caminho que o Concílio Vaticano II abriu à Igreja.

REFERÊNCIAS

Documentos do Magistério

CONCÍLIO ECUMÊNICO VATICANO I. Prima constituzione dogmática sulla chiesa di Cristo. In: ALBERIGO, G.; DOSSETTI, G. L. et al. *Conciloroum Oecomenicorum Decreta*. Bologna: Grafiche Dehoniane, 1991. pp. 811-816.

CONCÍLIO ECUMÊNICO VATICANO II. Constituição Dogmática *Dei Verbum*. In: VATICANO II: mensagens, discursos, documentos. 2. ed. São Paulo: Paulinas, 2007. pp. 345-358.

_____. Constituição Dogmática *Lumen Gentium*. In: VATICANO II: mensagens, discursos, documentos. 2. ed. São Paulo: Paulinas, 2007. pp. 185-247.

_____. Decreto *Christus Dominus*. In: VATICANO II: mensagens, discursos, documentos. 2. ed. São Paulo: Paulinas, 2007. pp. 277-300.

_____. Decreto *Unitatis Redintegratio*: sobre o ecumenismo. In: VATICANO II: mensagens, discursos, documentos. 2. ed. São Paulo: Paulinas, 2007. pp. 259-276.

SAGRADA CONGREGAÇÃO PARA A DOUTRINA DA FÉ. *Declaração Mysterium Ecclesiae*. Disponível em: https://www.vatican.va/roman_curia/congregations/cfaith/documents/rc_con_cfaith_doc_19730705_mysterium-ecclesiae_po.html#_ftn22. Acesso em: 03 nov. 2021.

Documentos papais

FRANCISCO. *Carta Encíclica Laudato Si'*: sobre o cuidado da casa comum. Brasília: Edições CNBB, 2015.

_____. *Exortação Apostólica Evangelii Gaudium*. Brasília: Edições CNBB, 2013.

_____. *Exortação Apostólica Gaudete et Exsultate*. 1. ed. São Paulo: Paulus, 2018.

GREGÓRIO XVI. Carta Encíclica *Mirari Vos*. In: *Documentos de Gregório XVI e Pio IX*. São Paulo: Paulus, 1999. p. 25-42.

JOÃO PAULO II. *Carta Apostólica Apostolos Suos*. Disponível em: https://www.vatican.va/content/john-paul-ii/pt/motu_proprio/documents/hf_jp-ii_motu-proprio_22071998_apostolos-suos.html. Acesso em: 16 nov. 2021.

_____. *Carta Encíclica Redemptor Hominis*. Disponível em: https://www.vatican.va/content/john-paul-ii/pt/encyclicals/documents/hf_jp-ii_enc_04031979_redemptor-hominis.html. Acesso em: 16 nov. 2021.

_____. *Exortação Apostólica Christifideles Laici*. 15. ed. São Paulo: Paulinas, 2009.

LEÃO XIII. Carta Encíclica *Inscrutabili Dei Consilio*. Disponível em: https://www.vatican.va/content/leo-xiii/pt/encyclicals/documents/hf_l-xiii_enc_21041878_inscrutabili-dei-consilio.html. Acesso em: 09 ago. 2021.

_____. *Lettera Enciclica Satis Cognitum.* Disponível em: https://www.vatican.va/content/leo-xiii/it/encyclicals/ documents/hf_l-xiii_enc_29061896_satis-cognitum.html. Acesso em: 14 set. 2021.

PAULO VI. *Exortação Apostólica Quinque Iam Amni.* Disponível em: https://www.vatican.va/content/paul-vi/pt/apost_ exhortations/documents/hf_p-vi_exh_19701208_quin-que-iam-anni.html. Acesso em: 03 nov. 2021.

PIO IX. *Carta Encíclica Qui Pluribus.* 1846. Disponível em: https:// www.vatican.va/content/pius-ix/it/documents/enciclica--qui-pluribus-9-novembre-1846.html. Acesso em: 20 ago. 2020.

_____. *Encíclica Quanta Cura.* Disponível em: https://www.va-tican.va/content/pius-ix/it/documents/encyclica-quan-ta-cura-8-decembris-1864.html. Acesso em: 17 set. 2020.

PIO X. *Lettera Enciclica e Supremi.* Disponível em: https://www. vatican.va/content/pius-x/it/encyclicals/documents/ hf_p-x_enc_04101903_e-supremi.html. Acesso em: 09 ago. 2021.

_____. *Motu Proprio Sacrorum Antistitum.* Disponível em: https://www.vatican.va/content/pius-x/la/motu_pro-prio/documents/hf_p-x_motu-proprio_19100901_sa-crorum-antistitum.html. Acesso em: 15 set. 2021.

PIO XII. *Constituição Apostólica Vacant Chair.* Disponível em: https://www.vatican.va/content/pius-xii/la/apost_ constitutions/documents/hf_p-xii_apc_19451208_ vacantis-apostolicae-sedis.html. Acesso em: 17 nov. 2021.

Homilias e discursos papais

BENTO XVI. *Declaratio*. Disponível em: https://www.vatican.va/content/benedict-xvi/pt/speeches/2013/february/documents/hf_ben-xvi_spe_20130211_declaratio.html. Acesso em: 17 nov. 2021.

_____. *Omelia di Sua Santitá Benedetto XVI*. Disponível em: https://www.vatican.va/content/benedict-xvi/it/homilies/2005/documents/hf_ben-xvi_hom_20050424_inizio-pontificato.html. Acesso em: 08 dez. 2021.

_____. *Saudação de despedida do Papa Bento XVI aos cardeais presentes em Roma*. Disponível em: https://www.vatican.va/content/benedict-xvi/pt/speeches/2013/february/documents/hf_ben-xvi_spe_20130228_congedo-cardinali.html. Acesso em: 17 nov. 2021.

FRANCISCO. *Discurso do Papa Francisco*: encontro com os cardeais e colaboradores da Cúria Romana para a troca de bons votos do Natal. Disponível em: https://www.vatican.va/content/francesco/pt/speeches/2014/december/documents/papa-francesco_20141222_curia-romana.html. Acesso em: 10 dez. 2021.

_____. *Homilia na Santa Missa de imposição do pálio e entrega do anel do pescador para o início do ministério petrino do bispo de Roma*. Disponível em: https://www.vatican.va/content/francesco/pt/homilies/2013/documents/papa-francesco_20130319_omelia-inizio-pontificato.html. Acesso em: 08 dez. 2021.

_____. *Homilia no II Dia Mundial dos Pobres*. Disponível em: https://www.vaticannews.va/pt/papa/news/2018-11/integra-homilia-papa-dia-mundial-pobres.html. Acesso em: 22 set. 2021.

_____. *I Mensagem para o Dia Mundial do Pobre*. Disponível em: https://www.vatican.va/content/francesco/pt/messages/poveri/documents/papa-francesco_20170613_messaggio-i-giornatamondiale-poveri-2017.html. Acesso em: 22 set. 2021.

_____. *Primeira saudação do Papa Francisco*. Disponível em: https://www.vatican.va/content/francesco/pt/speeches/2013/march/documents/papa-francesco_20130313_benedizione-urbi-et-orbi.html. Acesso em: 01 dez. 2021.

JOÃO PAULO I. *Omelia di sua Santitá Giovanni Paolo I*. Disponível em: https://www.vatican.va/content/john-paul-i/it/homilies/documents/hf_jp-i_hom_03091978.html. Aceso em: 08 dez. 2021.

JOÃO PAULO II. *Homilia de João Paulo II no início do seu pontificado*. Disponível em: https://www.vatican.va/content/john-paul-ii/pt/homilies/1978/documents/hf_jp-ii_hom_19781022_inizio-pontificato.html. Acesso em: 16 nov. 2021.

JOÃO XXIII. *Allocuzione del Santo Padre Giovanni XXIII con la quale annuncia il sínodo romano, il concilio ecumenico e l'aggiornamento del códice di diritto canonico*. Disponível em: https://www.vatican.va/content/john-xxiii/it/speeches/1959/documents/hf_j-xxiii_spe_19590125_annuncio.html. Acesso em: 14 set. 2021.

_____. Constituição Apostólica *Humanae Salutis*. In: VATICANO II: mensagens, discursos, documentos. São Paulo: Paulinas, 2007. pp. 11-18.

_____. Discurso *Gaudet Mater Ecclesia* na abertura solene do Concílio. In: VATICANO II: mensagens, discursos, documentos. 2. ed. São Paulo: Paulinas, 2007. pp. 27-35.

_____. Discurso no encerramento do primeiro período do Concílio. In: VATICANO II: mensagens, discursos, documentos. 2. ed. São Paulo: Paulinas, 2007. pp. 40-45.

PAULO VI. Discurso de Paulo VI na abertura do segundo período do Concílio. In: VATICANO II: Mensagens, Discursos, Documentos. 2. ed. São Paulo: Paulinas, 2007. pp. 45-60.

_____. Discurso de Paulo VI na abertura do terceiro período do Concílio. In: VATICANO II: Mensagens, Discursos, Documentos. 2. ed. São Paulo: Paulinas, 2007. pp. 68-77.

_____. Discurso de Paulo VI no encerramento do terceiro período do Concílio. In: VATICANO II: Mensagens, Discursos, Documentos. 2. ed. São Paulo: Paulinas, 2007, p. 79-89.

_____. *Omelia del Santo Padre Paolo VI*. Disponível em: https://www.vatican.va/content/paul-vi/it/homilies/1963/documents/hf_p-vi_hom_19630630_incoronazione-paolo-vi.html. Acesso em: 08 dez. 2021.

_____. *Primeira mensagem do Papa Paulo VI ao mundo inteiro*. Disponível em: https://www.vatican.va/content/paul-vi/es/speeches/1963/documents/hf_p-vi_spe_19630622_first-message.html. Acesso em: 20 set. 2021.

_____. *Visita di Paolo VI nel centro del Consiglio Ecumenico Delle Chiese*. Disponível em: https://www.vatican.va/content/paul-vi/it/speeches/1969/june/documents/hf_p-vi_spe_19690610_consiglio-ecumenico-chiese.html. Acesso em: 08 nov. 2021.

Bibliografia geral

ALBERIGO, G. *Igreja santa e pecadora*: conversão da Igreja? Trad. Silva Debetto. São Paulo: Loyola, 2019.

AURÉLIO, M. *A Igreja do Papa Francisco à luz do Vaticano II*. Aparecida: Santuário, 2016.

BENTO XVI. *Luz do mundo*: o papa, a Igreja e os sinais dos tempos: uma conversa com Peter Seewald. São Paulo: Paulinas, 2011.

BÍBLIA DE JERUSALÉM. 4. imp. São Paulo: Paulus, 2006.

CÓDIGO DE DIREITO CANÔNICO. Trad. Conferência Nacional dos Bispos do Brasil. 22. ed. São Paulo: Loyola, 2013.

CONGAR, Yves. *Igreja e papado*. São Paulo: Loyola, 1997.

ESTRADA, J. A. *Para compreender como surgiu a Igreja*. São Paulo: Paulinas, 2005.

GONZÁLEZ-QUEVEDO, L. *Papa Francisco*: o novo rosto da Igreja. 4. ed. São Paulo: Loyola, 2015.

HOBSBAWM, E. J. *A Era das Revoluções* (1789-1848). 33. ed. Trad. Maria Tereza Teixeira e Marcos Penchel. São Paulo: Paz e Terra, 2019.

IVEREIGH, A. *The great reformer*: Francis and the Making of a Radical Pope. 1. ed. New York: Henry Hold and Company, 2014.

KAUFMANN, T.; KOTTJE, R. et al. *História ecumênica da Igreja*: da Revolução Francesa até 1989. São Paulo: Paulus/Sinodal/Loyola, 2017.

KONINGS, J. *Evangelho segundo João*: amor e fidelidade. São Paulo: Loyola, 2005.

KÜNG, H. *A Igreja tem salvação?* São Paulo: Paulus, 2012.

_____. *La Iglesia Católica*: una breve historia. 2014. Disponível em: https://www.ebookelo.com/ebook/1332/la-iglesia--catolica. Acesso em: 07 jul. 2021.

LIBANIO, J. B. *Concílio Vaticano II*: em busca de uma primeira compreensão. São Paulo: Loyola, 2005.

MARTINA, G. *História da Igreja*: de Lutero a nossos dias. III – A era do liberalismo. 3. ed. Trad. Orlando Soares Moreira. São Paulo: Loyola, 2005.

MATEO, J.; CAMACHO, F. *O Evangelho de Mateus*. São Paulo: Paulinas, 1993.

MCBRIEN, R. P. *Os Papas*: os pontífices de São Pedro a São João Paulo II. 3. ed. Trad. Barbara Theoto Lambert. São Paulo: Loyola, 2013.

MIRANDA, M. F. *A Igreja que somos nós*. 1. ed. São Paulo: Paulinas, 2013.

MISSAL ROMANO. 9. ed. São Paulo: Paulus, 2004.

MONDIN, B. *Dicionário Enciclopédico dos Papas*: história e ensinamentos. Trad. José Joaquim Sobral. São Paulo: Ave-Maria, 2007.

O'MALLEY, J. W. *História católica para a Igreja de hoje*. Petrópolis: Vozes, 2021.

_____. *Quando os bispos se reúnem*: um ensaio que compara Trento, o Vaticano I e o Vaticano II. Trad. Clara Batarda. Lisboa: Edições 70, 2020.

_____. *Vatican I*: The Council and the Making of the Ultramontane Church. 1. ed. Cambridge: The Belknap Press of Harvard University, 2018.

PAPA BENTO XVI. Pedro, o Apóstolo. In: PAPA BENTO XVI. *Oração e santidade*: catequeses ao Povo de Deus. São Paulo: Molokai, 2018. pp. 213-216.

PEÑA, G. A. *História da Igreja*: vinte séculos caminhando em comunidade. Trad. José Joaquim Sobral. São Paulo: Ave-Maria, 2014. p. 213.

PASSOS, J. D. *As reformas da Igreja Católica*: posturas e processos de uma mudança em curso. Petrópolis: Vozes, 2018.

GONZÁLEZ-QUEVEDO, L. *Papa Francisco*: o novo rosto da Igreja. 4. ed. São Paulo: Loyola, 2015.

QUINN, J. R. *Reforma do papado*: indispensável para a unidade cristã. Aparecida: Santuário, 2002.

RATZINGER, J. *Introdução ao cristianismo*. São Paulo: Herder, 1970.

RATZINGER, J.; MESSORI, V. *Informe sobre la fe*. Madrid: Herder, 1985.

RUSCONI, R. *A grande renúncia*: por que um papa se demite? Trad. Marcelo Perine. São Paulo: Loyola, 2013.

SCHMAUS, M. *A fé da Igreja*. 2. ed. Petrópolis: Vozes, 1983.

SESBOÜÉ, B. *História e teologia da infalibilidade da Igreja*. Trad. Nicolás Campanário. São Paulo: Loyola, 2020.

SOUZA, N. *História da Igreja*: notas introdutórias. Petrópolis: Vozes, 2020.

SOUZA, N.; GONÇALVES, P. S. L. *Catolicismo e sociedade contemporânea*: do Concílio Vaticano I ao contexto histórico teológico do Concílio Vaticano II. São Paulo: Paulus, 2013.

SILVA, J. M. (org.). *Papa Francisco*: perspectivas e expectativas de um papado. Petrópolis: Vozes, 2014.

STORNIOLO, I. *Como ler o Evangelho de Mateus*. 5. ed. São Paulo: Paulus, 1991.

VIGANÒ, D. E. *Irmãos e irmãs, boa noite!* O Papa Francisco e a nova comunicação da Igreja. Petrópolis: Vozes, 2017.

ZAGHENI, G. *A Idade Contemporânea*: curso de História da Igreja. São Paulo: Paulus, 1999. v. IV.

Capítulos e artigos em livros

ALBERIGO, G. O Concílio Vaticano I (1869-1870). In: ALBERIGO, G. (org.). *História dos concílios ecumênicos*. São Paulo: Paulus, 1995. pp. 365-390.

_____. O Concílio Vaticano II (1962-1965). In: ALBERIGO, G. (org.). *História dos concílios ecumênicos*. São Paulo: Paulus, 1995. pp. 391-440.

ALTEMEYER JÚNIOR, F. Os muitos partos do bispo de Roma. In: PASSOS, J. D.; SOARES, A. M. L. (org.). *Francisco*: renasce a esperança. São Paulo: Paulinas, 2013. pp. 104-119.

AQUINO JÚNIOR, F. Os pobres e a pobreza como carisma fundante da Igreja de Jesus. In: PASSOS, J. D.; SOARES, A. M. L. (org.). *Francisco*: renasce a esperança. São Paulo: Paulinas, 2013. pp. 210-222.

BENTO XVI. Pedro, o Apóstolo. In: PAPA BENTO XVI. *Oração e santidade*: catequeses ao Povo de Deus. São Paulo: Molokai, 2018. v. 1, pp. 214-218.

BOFF, L. O Papa Francisco e a refundação da Igreja. In: SILVA, José Maria (org.). *Papa Francisco*: perspectivas e expectativas de um papado. Petrópolis: Vozes, 2014. pp. 121-129.

BRIGHENTI, A. Perfil pastoral da Igreja que o Papa Francisco sonha. In: SILVA, J. M. (org.). *Papa Francisco*: perspectivas e expectativas de um papado. Petrópolis: Vozes, 2014. pp. 13-25.

GODOY, M. Componentes de uma possível reforma da Igreja. In: PASSOS, J. D.; SOARES, A. M. L. (org.). *Francisco*: renasce a esperança. São Paulo: Paulinas, 2014. pp. 189-209.

GONZAGA, W. Os pobres como "critério-chave de autenticidade" eclesial (EG 195). In: AMADO, J. P.; FERNANDES, L. A. (org.). *Evangelii Gaudium em questão*: aspectos bíblicos, teológicos e pastorais. São Paulo: Paulinas; Rio de Janeiro: PUC-Rio, 2014. pp. 75-95.

HOORNAERT, E. O Bispo de Roma. In: PASSOS, J. D.; SOARES, A. M. L. (org.). *Francisco*: renasce a esperança. São Paulo: Paulinas, 2013. pp. 145-162.

PASSOS, J. D. Uma reforma na Igreja: rumos e projetos. In: PASSOS, J. D.; SOARES, A. M. L. (org.). *Francisco*: renasce a esperança. São Paulo: Paulinas, 2013. pp. 85-101.

PILVOUSEK, J. A Igreja Católica desde a Primeira Guerra Mundial até o presente. In: KAUFMANN, T.; KOTTJE, R. et al. (org.). *História ecumênica da Igreja*: da Revolução Francesa até 1989. São Paulo: Loyola, Paulus; São Leopoldo: Sinodal, 2017. v. 3, pp. 293-382.

SESBOÜÉ, B. Primeiros discursos cristãos e tradição de fé. In: SESBOÜÉ, B.; WOLINSKI, J. *O Deus da salvação* (séculos I-VIII). Trad. Marcos Bagno. 3. ed. São Paulo: Loyola, 2015. pp. 29-66.

SOUZA, N. Antecedentes e evento histórico. In: ALMEIDA, J. C.; MANZINI, R.; MAÇANEIRO, M. (org.). *As janelas do Vaticano II*: a Igreja em diálogo com o mundo. Aparecida: Santuário, 2013. pp. 63-82.

_____. Contexto e desenvolvimento histórico do Concílio Vaticano II. In: BOMBONATO, V. I.; GONÇALVES, P. S. L. (org.). *Concílio Vaticano II*: análise e prospectivas. São Paulo: Paulinas, 2004. pp. 17-67.

THEOBALD, C. Do Vaticano I a 1950: revelação, fé e razão, inspiração, dogma e magistério infalível. In: SESBOÜÉ, B.; THEOBALD, C. *História dos dogmas*: a palavra da salvação (séculos XVIII-XX). Trad. Aldo Vannucchi. São Paulo: Loyola, 2006. pp. 191-384.

_____. A "recepção" do Vaticano II. In: SESBOÜÉ, B.; THEO-BALD, C. *História dos dogmas*: a Palavra da salvação (séculos XVIII-XX). Trad. Aldo Vannucchi. São Paulo: Loyola, 2006. pp. 491-505.

VIDAL, J. M.; BASTANTE, J. As mudanças (presentes e futuras) da primavera de Francisco. In: SILVA, J. M. da (org.). *Papa Francisco*: perspectivas e expectativas de um papado. Petrópolis: Vozes, 2014. pp. 99-110.

WOLF, H. História da Igreja Católica durante o "longo" século XIX de 1789 a 1918. In: KAUFMANN, T.; KOTTJE, R. et al. *História ecumênica da Igreja*. Trad. Irineu J. Rabuske e Alfred J. Keller. São Paulo: Loyola, Paulus; São Leopoldo: Sinodal, 2017. v. 3: Da Revolução Francesa até 1989, pp. 87-188.

Artigos científicos e dissertações

AQUINO JÚNIOR, F. de. Panorama eclesial com o Papa Francisco. *Revista Eclesiástica Brasileira*, Petrópolis, v. 75, pp. 990-1006, out./dez. 2015. Disponível em: https://revistaeclesiasticabrasileira.itf.edu.br/reb/article/view/277/267. Acesso em: 13 dez. 2021.

BALTHASAR, H. U. V. *Só o amor é digno de fé*. 2013. Disponível em: https://www.snpcultura.org/so_o_amor_e_digno_de_fe.html. Acesso em: 27 dez. 2021.

BRIGHENTI, A. A sinodalidade como referencial do estatuto teológico das Conferências Episcopais. *Atualidade Teológica*, Rio de Janeiro, v. 24, n. 64, pp. 197-213, 2020. Disponível em: https://www.maxwell.vrac.puc-rio.br/47904/47904. PDF. Acesso em: 16 nov. 2021.

BINOTI, J. J. *Catolicismo atual*: a Teologia da Libertação e a linha pastoral do Papa Francisco. Dissertação de Mestrado. Vitória: Faculdade Unida de Vitória, 2017. Disponível em: http://bdtd.faculdadeunida.com.br:8080/jspui/bitstream/prefix/30/1/Disserta%c3%a7%c3%a3o%20-%20Janete%20Jane%20Binoti.pdf. Acesso em: 13 dez. 2021.

CAVACA, O. Uma eclesiologia chamada Francisco: estudo da eclesiologia do Papa Francisco a partir da *Evangelii Gaudium*. *Revista de Cultura Teológica*, São Paulo, n. 83, pp. 15-34, jan./jun. 2014. Disponível em: https://revistas.pucsp.br/index.php/culturateo/article/view/19221/15080. Acesso em: 08 dez. 2021.

DIAS, T. C. S. *Ecclesia Semper Reformanda*: a necessária e urgente reforma do papado. *Revista Cordis*. Dossiê: Religião e Sociedade, São Paulo, v. 1, n. 26, pp. 300-314, 2021. Disponível em: https://revistas.pucsp.br/index.php/cordis/article/view/55847/37862. Acesso em: 16 nov. 2021.

FELLER, V. G. A reforma da Igreja. *Perspectivas Teológicas*, Belo Horizonte, v. 46, n. 128, pp. 21-44, jan./abr. 2014. Disponível em: http://www.faje.edu.br/periodicos/index.php/perspectiva/article/view/2728/2915. Acesso em: 10 nov. 2021.

FORNASIER, R. C.; VALOIS, J. R. Relações episcopado-primado: a autoridade a serviço da comunhão. *Revista Coletânea*, Rio de Janeiro, v. 20, n. 39, pp. 259-280, jan./jun. 2021. Disponível em: http://revistacoletanea.com.br/index.php/coletanea/article/view/263/198. Acesso em: 15 dez. 2021.

LEGRAND, H. El primado romano, la comunión en las iglesias y la comunidad entre los bispos. *Revista Concilium*, 5 (79-96), pp. 743-760, nov. 2013. Disponível em: https://www.revistaconcilium.com/wp-content/uploads/2019/pdf/353.pdf. Acesso em: 15 dez. 2021.

MELO, A. A. de. Opção preferencial pelos pobres e excluídos: do Concílio Vaticano II ao Documento de Aparecida. *Revista Eclesiástica Brasileira*, 68 (269), pp. 21-39, abr. 2008. Disponível em: https://revistaeclesiasticabrasileira.itf. edu.br/reb/article/view/1464/1306. Acesso em: 13 dez. 2021.

MIRANDA, M. F. Conversão e reforma eclesial. *Revista Eclesiástica Brasileira*, Petrópolis, v. 76, n. 304, pp. 861-874, out./dez. 2016. Disponível em: https://revistaeclesiasticabrasileira.itf. edu.br/reb/article/view/143/135. Acesso em: 16 dez. 2021.

PASSOS, J. D. A reforma do papado: primado na colegialidade. *Perspectivas Teológicas*, Belo Horizonte, v. 48, n. 1, pp. 37-58, jan./abr. 2016. Disponível em: https://www. faje.edu.br/periodicos/index.php/perspectiva/article/ view/3485/3591. Acesso em: 10 dez. 2021.

_____. As reformas do Papa Francisco: conjuntura, significado e perspectivas. *Perspectivas Teológicas*, Belo Horizonte, v. 49, n. 2, pp. 353-374, jan./abr. 2017. Disponível em: http://www.faje.edu.br/periodicos/index.php/perspectiva/article/view/3705/3824. Acesso em: 08 dez. 2021.

PASSOS, J. D.; JESUS, L. N. Papa Francisco: um sinal de contradição? *Revista Eclesiástica Brasileira*, Petrópolis, v. 80, n. 317, pp. 634-663, set./dez. 2020. Disponível em: https://revistaeclesiasticabrasileira.itf.edu.br/reb/article/ view/2242/1939. Acesso em: 16 dez. 2021.

SENA, C. R. Os dogmas na Igreja. *Cuestiones Teológicas*, v. 37. n. 88, p. 441-459, 2010. Disponível em: https://revistas. upb.edu.co/index.php/cuestiones/article/view/5632. Acesso em: 17 nov. 2021.

SESBOÜÉ, B. História e teologia da infalibilidade da Igreja. *Perspectiva Teológica*, Belo Horizonte, v. 46, n. 128, pp. 71-88, jan./abr. 2014. Disponível em: http://www.faje.edu.br/periodicos/index.php/perspectiva/article/view/2729/2916. Acesso em: 15 ago. 2021.

SILVA, A. R. C.; CARVALHO, T. R. A. Cruzada ultramontana contra os erros da modernidade. *Revista Brasileira de História das Religiões* (RBHR), ANPUH, ano XII, n. 35, pp. 9-42, set./dez. 2019. Disponível em: https://periodicos.uem.br/ojs/index.php/RbhrAnpuh/article/view/45883/751375148315. Acesso em: 18 set. 2020.

SILVA, M. de A. *Colegialidade*: experiências de Jorge Mario Bergoglio e sua influência no pontificado de Francisco. Dissertação de Mestrado. São Paulo: Pontifícia Universidade Católica, 2018. Disponível em: https://sapientia.pucsp.br/bitstream/handle/21052/2/Mariane%20de%20Almeida%20Silva.pdf. Acesso em: 15 dez. 2021.

SOUZA, N. A Igreja herdada pelo Papa Francisco: um estudo histórico. *Revista de Cultura Teológica*, ano XXIV, n. 88, pp. 173-196, jul./dez. 2016. Disponível em: https://revistas.pucsp.br/index.php/culturateo/article/view/rct.i88.30930/21422. Acesso em: 16 dez. 2021.

SOUZA, N.; DIAS, T. C. S. Por uma reforma do papado: história, apelos e caminhos à luz do pontificado do Papa Francisco. *Revista de Cultura Teológica*, São Paulo: PUC-SP, n. 98, pp. 103-118, jan./abr. 2021. Disponível em: https://revistas.pucsp.br/index.php/culturateo/article/view/52195/pdf. Acesso em: 10 out. 2021.

SOUZA, N.; GOMES, E. S. Os papas do Vaticano II e o diálogo com a sociedade contemporânea. *Teocomunicação*, 44, pp. 5-27, 2014. Disponível em: https://revistaseletronicas.pucrs.br/ojs/index.php/teo/article/view/18264/11689. Acesso em: 20 set. 2020.

TERRAZAS, S. M. La conversión pastoral del papado en una iglesia sinodal. *Revista Medellín*, v. XLIII, n. 168, pp. 313-331, mayo/ago. 2017. Disponível em: https://repositorio.comillas.edu/xmlui/bitstream/handle/11531/20717/Medell%C3%ADn.%20Papado.pdf?isAllowed=y&sequence=1. Acesso em: 15 dez. 2021.

ZILLES, U. O Concílio Vaticano I: a Igreja e o primado do Papa: tentativa de uma interpretação histórico-teológica. *Perspectiva Teológica*, Belo Horizonte, v. 2, n. 3, pp. 151-168, jul./dez. 1970. Disponível em: http://www.faje.edu.br/periodicos/index.php/perspectiva/article/view/2543/2752. Acesso em: 20 set. 2020.

Verbetes de dicionários

ALMEIDA, A. J. *Lumen Gentium*. In: PASSOS, J. D.; SANCHEZ, W. L. (coord.). *Dicionário do Concílio Vaticano II*. São Paulo: Paulus, 2015. pp. 562-573.

BRITO, E. J. C. Reforma da Igreja. In: PASSOS, J. D.; SANCHEZ, W. L. (coord.). *Dicionário do Concílio Vaticano II*. São Paulo: Paulus/Paulinas, 2015. pp. 812-817.

JOSAPHAT, C. Colegialidade. In: PASSOS, J. D.; SANCHEZ, W. L. (coord.). *Dicionário do Concílio Vaticano II*. São Paulo: Paulus/Paulinas, 2015. pp. 149-153.

SILVA, M. A. Episcopado. In: PASSOS, J. D.; SANCHEZ, W. L. (coord.). *Dicionário do Concílio Vaticano II*. São Paulo: Paulus/Paulinas, 2015. pp. 343-346.

_____. Papado/papa. In: PASSOS, J. D.; SANCHEZ, W. L. (coord.). *Dicionário do Concílio Vaticano II*. São Paulo: Paulus/Paulinas, 2015. pp. 708-712.

Outros textos da internet

BBC NEWS. *Telefonema do papa surpreende multidão em vigília na Argentina*. Disponível em: https://www.bbc.com/portuguese/noticias/2013/03/130319_papa_buenos_aires_fone_mc_fn. Acesso em: 16 dez. 2021.

FERRAROTTI, F. *"Francisco irá mudar a linguagem da Igreja"*: entrevista com Franco Ferrarotti. Trad. Moisés Sbardelotto. 2013. Disponível em: http://www.ihu.unisinos.br/noticias/518566-francisco-ira-mudar-a-linguagem-da-igreja-entrevista-com-franco-ferrarotti. Acesso em: 08 dez. 2021.

KÜNG, H. *Infalibilidade*: o apelo de Hans Küng ao Papa Francisco. Trad. Isaque Gomes Correa. 2016. Disponível em: http://www.ihu.unisinos.br/78-noticias/552445-infalibilidade--o-apelo-de-hans-kueng-ao-papa-francisco. Acesso em: 03 nov. 2021.

Rua Dona Inácia Uchoa, 62
04110-020 – São Paulo – SP (Brasil)
Tel.: (11) 2125-3500
paulinas.com.br – editora@paulinas.com.br
Telemarketing e SAC: 0800-7010081